MAX SECKLER

HOFFNUNGSVERSUCHE

MAX SECKLER

Hoffnungsversuche

HERDER
FREIBURG · BASEL · WIEN

Herder Druck Freiburg im Breisgau 1972
ISBN 3-451-16417-5

Gebrauchsanweisung

VON PETER EICHER

Es gibt viele Rezepte zum seligen Leben, zur Veränderung der Gesellschaft noch mehr. Die einen hoffen dabei auf den Himmel – und werden der Erde untreu. Andere hoffen auf die schöne Welt von morgen – und lassen das Heute fahren. Was hier angeboten wird, sind keine Rezepte. Denn die Not des eigenen Daseins und die unheile Welt stellen alle Rezepte in Frage, die der Nicht-Glaubenden ebenso wie die der Gläubigen. Doch eingespannt in den Betrieb, haben wir wenig Zeit, uns Rechenschaft zu geben über die Nah- und Fernziele, die unserm Leben Hoffnung geben. Die hier vorgelegten Versuche sind deshalb kleine Schritte, Fußstapfen auf dem Weg zur christlichen Hoffnung; sie sollen dem Nachdenklichen Zeit geben, ruhig überlegt, ausprobiert und weitergeführt zu werden. Es sind Hoffnungsversuche, die sich im Laufe langer Jahre herauskristallisiert haben; sie können also für sich gelesen – oder auch überschlagen werden. Aber als Ganzes ergeben sie eine Art summula theologica für den heutigen Menschen, eine fundamentale Theologie für Christen, die den Mut haben, ihren Hoffnungsversuch auf seinen Grund hin zu prüfen.
Wer also nur die christliche Selbstbestätigung sucht, der hat sich an diesem Büchlein vergriffen – so wie auch der, der rasche Information und Aufklärung über das Phänomen des christlichen Daseins will. Wie alle Hoffnung nicht dem abstrakten Denken entspringt, sondern dem Ganzen des Lebens, so muß sie auch geprüft werden nicht durch Denken

allein, sondern im Tun. Die hier vorgelegten Denkschritte eines glaubenden Menschen wollen also nachgegangen sein, um verstanden zu werden – so wie sie erst gegangen wurden, ehe sie niedergeschrieben wurden.

Es gibt mehrere Arten, dieses Büchlein zu gebrauchen. Man kann es durchlesen wie jedes Buch, von vorne nach hinten. Wer gewohnt ist, die Bücher so zu lesen, wird auch hier einen wie gewohnt ordentlichen Aufbau finden: Religion – Jesus – Gott – Kirche – Theologie, ein Fragenkreis führt zum andern. Nur der letzte Abschnitt wird den braven Leser in seiner Ordnungsliebe verletzen, denn was das Bergsteigen mit der Logik der Theologie zu tun hat, wird er aus dem Inhaltsverzeichnis nicht leicht erschließen können.
Es gibt auch Bücher, die den Leser in Versuchung führen, erst zum Schlußkapitel zu greifen, um sich schon anfänglich zu versichern, daß die Sache gut ausgehe. Diese Methode kann hier nicht empfohlen werden. Denn die hintergründige Geschichte um Gebirge und Bergsteigen gibt hier weder die Lösung eines Rätsels, noch ist sie so etwas wie der strahlende Schlußchor nach dem tragischen Ende in Mozarts Oper Don Giovanni. Das Schlußkapitel soll eher der Ehrenrettung der Poesie des christlichen Daseins dienen . . .
Wer den Schlüssel finden will, mit dem die Probleme hier erschlossen werden, der muß zur Mitte dieses Büchleins greifen; denn die geheime Mitte dieses Fragens und Suchens ist die Wahrheit des Menschen, wie sie ein für allemal aufgeleuchtet hat an diesem einen, Jesus von Nazareth. Sein Name ist hier keine Zauberformel, die alles verwandelt; er ist vielmehr Anforderung, jenen Weg zu betreten, der er selber ist: den Weg der Wahrheit. Seine Existenz gibt von sich aus Hoffnung; seine bis ins letzte geprüfte Hoffnung entzündet die unsere, seine Wahrheit bringt die unsere ans Licht. So sind die hier vorgelegten Denkschritte nicht selber die ein für allemal

fixierten Wegweiser, sondern Versuche, im Dickicht wirrer Hoffnungen und endloser Enttäuschungen den Weg zu finden.
Wer schließlich die Hoffnungsversuche wie ein theologisches Nachschlagewerk zur Information zu gebrauchen gedenkt, der darf daran erinnert werden, wie die folgenden Besinnungen im Laufe der Jahre entstanden: jeder Schritt ist ein Antwortversuch auf konkrete Fragen in konkreter Situation. Ob sie sich bewähren (und ob sich damit die vom Herausgeber vorgenommene Auswahl bewährt), kann nicht am grünen Tisch entschieden werden. Denn die gefundene Antwort bleibt leer, wenn sie den Fragenden nicht zu jenem Ort führt, an dem das glaubende Denken allein seine ganze Wahrheit hat, ins Feld der Verwirklichung.

Inhalt

HEILSENTWÜRFE

Sind Religionen Heilswege?
Hoffnungsversuch ohne Christus
Begegnung mit dem Evangelium

Sind Religionen Heilswege?

Seit 1961 erscheint in einem Stuttgarter Verlag eine wissenschaftliche Buchreihe unter dem Titel: Die Religionen der Menschheit. Sie ist auf 36 stattliche Bände geplant. Eine ganze Anzahl davon liegt bereits vor. Dieses Mammutwerk stellt, wenn es einmal abgeschlossen ist, die bisher umfassendste Bestandsaufnahme jenes eigenartigen Phänomens dar, welches Religion heißt. Es zeigt auf eindrucksvolle Weise, daß gerade die Formenwelt der Religionen zu den interessantesten und fesselndsten Schöpfungen der Kulturgeschichte gehört.
Wer anfängt, sich mit den Religionen der Menschheit zu beschäftigen, dem ist, als wäre er in ein Märchenland versetzt. Die absonderlichsten und faszinierendsten Dinge finden sich hier. Nirgends kann man so wie hier vor Augen geführt bekommen, welch unbegreifliches Wesen der Mensch ist und welche wunderlichen Welten er sich schaffen kann, ein Reich der Phantasien, der Hoffnungen und Enttäuschungen, des Glaubens und des Aberglaubens, der erhebendsten und der abstoßendsten Praktiken, zugleich Ausdruck menschlichen Elends, menschlicher Größe und unablässiger Heilsbemühungen.

Religionskritik und Religionsbejahung

Das Verhältnis des modernen Menschen zu dieser Welt der Religionen ist unsicher und gespalten. Über das erste Stadium

naiver Entdeckerfreude ist man hinaus. Während antike Geschichtsschreiber und mittelalterliche Chronisten, aber auch noch die Helden der Entdeckerzeit von fremden Religionen berichten konnten wie jemand, der eine exotische Reise macht und von bunten Papageien, Paradiesvögeln und sonstigen kuriosen Dingen zu erzählen weiß, sind uns heute wenigstens die großen Weltreligionen näher auf den Leib gerückt. Bedrohlich und verlockend zugleich stehen sie vor der Tür. Viele erwarten, daß sie von den fremden Religionen etwas für das eigene Leben lernen können. In der Religionswissenschaft rückt das anthropologische Interesse in den Vordergrund. Indem man andere Weisen menschlichen Existierens und andere Möglichkeiten religiösen Verhaltens entdeckt, büßt nicht nur die eigene Religion ihre fraglose Einzigartigkeit ein, sondern es tun sich neue Dimensionen auf für die Wissenschaft vom Menschen. Es zeigt sich, daß das Problem der Religion, das sich im Vorhandensein von Religionen anmeldet, für das Verständnis des Menschen von Bedeutung ist.
Von daher erklärt es sich, daß wir heute neben den schärfsten Formen der Religionskritik deutliche Tendenzen zu einer positiven Würdigung der Religionen feststellen können. Am meisten überrascht, daß selbst aus der Ecke der entschiedensten Religionskritik uns eine gewisse Wärme und Sympathie für die Religionen entgegenweht. Man wertet dort die Religionen als ungeheure Flügelbildungen der Menschheit und als großartiges Engagement des Menschen an seinem größeren Selbst, dessen Ertrag in eine bevorstehende religionslose Zeit hinübergerettet werden muß.
Auch in der Theologie hat sich in der Einstellung zu den Religionen vieles geändert. Das Bild ist zwar nicht einheitlich. Ja und Nein zu den Religionen stehen sich schroff gegenüber. Auf der einen Seite sehen wir eine radikale Verdammung der nichtchristlichen Religionen, ja von Religion überhaupt. Die Argumente der atheistischen Religionskritik wirken sich in

dieser theologischen Richtung aus. Die Zeit der Religionen geht demnach zu Ende. Auch was am Christentum Religion war oder religiös interpretiert wurde, verschwindet. Die Zukunftschancen des Christentums liegen demnach darin, daß es im Kern keine Religion ist, sondern sich nur eine Zeitlang so verstand. Die radikale Theologie will die Auflösung, die sie als einen Prozeß der Befreiung versteht, noch beschleunigen. Auf der anderen Seite und in schroffem Gegensatz dazu stehen die Versuche, die Religionen zu bejahen und aufzuwerten. Es gibt eine ganze Anzahl von Motiven dafür, die in einer mehr oder weniger unreflektierten Atmosphäre freundlicher Religionsbejahung Wirksamkeit entfalten. Das hängt zum Teil mit dem Aufkommen des Atheismus zusammen. Die Religionen gewinnen Wert als Statthalter von Religion überhaupt, als Bastion gegen die Bedrohungen des Atheismus – nach dem Motto: besser schlechte Religionen als gar keine, wenigstens so lange, bis das Christentum sie einmal abgelöst haben wird. Das ist ein vorwiegend taktisches Argument. Es erschöpft sich aber nicht in Taktik. Schließlich halten aus dieser Sicht die Religionen den Gottesgedanken wach und können so der christlichen Mission in bestimmter Weise den Weg offenhalten. Man macht auch geltend, daß das im Hinblick auf die Heilsfrage nötige und erwünschte Gottesverhältnis des Menschen immer eingebettet sei in die konkreten Religionen, in denen der einzelne sich vorfindet, weshalb man, wenn man unter dem Aspekt der Heilsfrage religiöse Menschen wolle, auch die Religionen bejahen müsse.
Vor allem seit dem 2. Vatikanischen Konzil, das mit seiner Religionserklärung die längst erwartete Gewährung der Religions- und Gewissensfreiheit brachte und auch einige gute Worte zu den großen Weltreligionen zu sagen wußte, ist hier die Entwicklung rasch vorangeschritten. Sie tritt unter der Bezeichnung „Theologie der Religionen" auf. Die Richtung, die sie einschlägt, ist nur mit großen Bedenken zu verfolgen.

Ich habe einen Text vor mir liegen, der ein bezeichnendes Licht auf diese Entwicklung wirft. Der Name des Verfassers tut nichts zur Sache. Er ist überzeugt, ein fortschrittlicher Theologe zu sein. Der Kernsatz seiner Ausführungen spricht von der „nachkonziliaren Einsicht, daß alle Religionen für ihre Bekenner Heilswege sind". Das klingt zweifellos gut, tolerant und weltläufig und kann sozusagen als der letzte Schrei moderner Religionstheologie gelten. Er gibt sich als „nachkonziliare Einsicht" und unterstellt einen Konsens, der kaum einen Widerspruch zuläßt. Doch ein solcher Satz und ein derartiges Denken können nicht unwidersprochen bleiben.

Formen christlicher Religionstheologie

Bevor ich die Gründe darlege, weshalb mir dieser Satz als bedenklich erscheint, möchte ich kurz die Entwicklung skizzieren, die zu ihm hinführte. Wir können, etwas vereinfachend, 4 Stufen unterscheiden.
In einer ersten Stufe ging man davon aus, daß *nur getaufte und praktizierende Christen in ihrer alleinseligmachenden Kirche das Heil erlangen können.* Alle übrigen, die draußen sind, bilden die „massa damnata", den verlorenen Haufen, der vom ewigen Heil ausgeschlossen bleibt. Das ist bedauerlich, aber nicht zu ändern, es sei denn durch Mission und Ausbreitung des Christentums. Diese Haltung war ebenso naiv und rigoros wie intolerant und egoistisch.
Als man in der Neuzeit gewahr wurde, wie groß die Anzahl derer ist, die „draußen" sind, änderte sich das Bild. Die Bibel schien nun doch dazu zu ermächtigen, von einem allgemeinen Heilswillen Gottes zu reden, gemäß dem jeder Mensch seine Heilschance hat. Diese zweite Stufe ist charakterisiert von Sätzen wie: Der göttlichen Barmherzigkeit dürfen keine Grenzen gesetzt werden; die Gnade Gottes erreicht auch den

Heiden; Christus ist für alle Menschen gestorben. Auch wer die wahre Religion Christi und das Evangelium nicht kennt, kann gerettet werden, wenn er Gott aus ehrlichem Herzen sucht und seinem Gewissen getreu sein Leben einrichtet. Zwar gibt es Heil nur in der Kirche. Aber es gibt unsichtbare Formen der Zugehörigkeit zur Kirche, und die wahre, umfassende Kirche ist größer, als ihre sichtbare Gestalt vermuten läßt. Das war die Geburtsstunde des sogenannten „anonymen Christen", dessen Erfolg man sich nur erklären kann, wenn man an die befreiende Wirkung denkt, die dieses weitherzige Denken mit sich brachte.

Für diese zweite Stufe ist typisch, daß immer *nur von der Heilschance der Nichtchristen als einzelnen Individuen* gesprochen wurde. Deren jeweilige Religionszugehörigkeit blieb außer Betracht. Sie wurde sogar bewußt ausgeklammert, denn die Zugehörigkeit zu einer nichtchristlichen Religion erschien eher als hinderlich. Man konstruierte für das außerchristliche Heilsgeschehen eine Art religiöser Gottunmittelbarkeit des einzelnen, die durch dessen Zugehörigkeit zu einer Religion eher behindert zu werden schien. Ein dieses Denken charakterisierender Satz lautet: Der Buddhist kann das Heil erlangen, nicht weil, sondern obwohl er Buddhist ist.

Die dritte Stufe ist gekennzeichnet von Einsichten, die man der Soziologie verdankt. Danach lebt der einzelne immer in einer bestimmten Religion. Seine persönliche Religiosität verwirklicht sich in den Formen der Religion, der er zugehört. Die Religionen sind geschichtlich objektivierte und gesellschaftlich verfaßte Gebilde, die mit ihren Riten, Gesetzen, Glaubenssätzen und Verhaltensmustern die Religiosität des einzelnen ebenso ermöglichen und tragen, wie sie sie formen und determinieren. Der einzelne Mensch ist also immer religiös nur in der Form, die die Religion seiner Gruppe fordert und ermöglicht. Die gesellschaftliche und objektiv religiöse Geprägtheit des persönlichen religiösen Verhaltens ist also

mehr oder weniger unausweichlich für den einzelnen. Soll man annehmen, daß die Menschen an ihrer Religion vorbei und gegen sie gerettet werden? Findet man dort nicht Formen der Frömmigkeit, von denen die Christen nur lernen können? Gibt es nicht Wahres, Gutes und Heiliges in diesen Religionen, das man anerkennen und bejahen muß? Das 2. Vatikanische Konzil hat dieses Ja gesprochen, wenngleich zögernd und mit Vorbehalten. Es rechnet damit, *daß auch die nichtchristlichen Religionen mit ihren Lehren, Lebensregeln und heiligen Riten ihren Anhängern einen konkreten Weg zu Gott weisen können.* Fast könnte man aus dieser Sicht sagen, daß der vorhin erwähnte Buddhist gerettet wird nicht obwohl, sondern weil er Buddhist ist.
Damit sind wir beinahe dort angelangt, wo als letzter Schrei moderner Religionstheologie der Satz laut wird, *alle Religionen seien für ihre Bekenner Heilswege.* Diesen letzten Schritt hat das Konzil nicht getan, und mir scheint: aus guten Gründen. Es ist doch noch ein ziemlicher Unterschied, ob man mit Rücksicht auf die geschichtliche und soziale Verfaßtheit jeder religiösen Einzelexistenz davon ausgeht, daß die Religionen einen konkreten Weg zu Gott weisen können, oder ob man sie global als Heilswege für ihre Bekenner deklariert, wie es auf dieser 4. Stufe religionstheologischen Denkens geschieht. Hier wird nämlich folgendermaßen argumentiert: Solange das Christentum nicht an ihre Stelle getreten ist, sind die nichtchristlichen Religionen von Gott gewollt und legitimiert. Denn ein durchgeformtes, ausgebildetes und lebendiges Gottesverhältnis ist nur in je konkreten Religionen möglich. Daraus folgt, so wird gesagt, daß Gott positiv die nichtchristlichen Religionen will, als Heilswege, denen ihre Anhänger folgen müssen. Sie seien zur Übernahme ihrer Volksreligion verpflichtet. Von daher seien die nichtchristlichen Religionen als Heilswege der Menschheit prinzipiell positiv zu beurteilen. Man sagt geradezu, die nichtchristlichen

Religionen seien der ordentliche Heilsweg der nichtchristlichen Menschheit. Das bedeutet – ich zitiere wörtlich –, daß zum Beispiel das Gebet eines Häuptlings, der Kult buddhistischer Mönche, die Meditation des Hindu, der Gehorsam des Moslem gegenüber den rituellen und ethischen Geboten seiner Religion von der christlichen Theologie nicht als belanglos erklärt werden dürfen. Vielmehr seien diese Menschen gehalten, den Weisungen ihrer Religion zu folgen, denn in ihnen läge das Heilsangebot und die Heilschance.

Negative Aspekte der Religionen

Daß das, was diese Menschen unter der Führung ihrer Religion tun, belanglos sei, wird niemand behaupten. Aber daß es verhängnisvoll sein kann im höchsten Maß, muß man nun doch auch sehen. Das eben angeführte Zitat bringt harmlose, um nicht zu sagen naive Beispiele. Die Sache sieht schon anders aus, wenn man etwa hört, die geistlichen Führer einer großen Religion hätten zum heiligen Krieg gegen den Staat Israel aufgerufen. Will man auch hier, als christlicher Theologe, von Verpflichtungscharakter, von Heilsweg und von göttlicher Legitimation sprechen? Hat man vergessen, welche Befreiung die Aufklärung und ihre Religionskritik gebracht haben? Die Befreiung von Dämonenangst, Magie und Aberglauben, vom Terror religiöser Tabus und von der Irrationalität des Numinosen? Die Befreiung vom Ausgeliefertsein an das, was eine blinde, aber religiös verehrte Natur an Nahrung und Lebenshilfen gewährt oder versagt? Die Befreiung von einer Herrschaft der Religionen, die die schöpferischen Kräfte des Menschen niederhielt? Hat man vergessen, daß der ästhetische Genuß, den der aufgeklärte Abendländer bei der Betrachtung fremdartiger Religionsformen haben kann, und das Gefangensein in die Verstrickungen konkreter Religionen zwei sehr verschiedene Dinge sind? Darf man nur die großen Ideale einiger Hochreligionen im Auge haben, obwohl auch diese nicht unproblematisch sind, und darf man sich die Ahnungslosigkeit leisten, einfach pauschal von „den" Religionen als Heilswegen zu reden – gottgewollten noch dazu? Vielleicht ist es gut, wenn ich ein Bespiel anführe – ein sehr altes, um niemand zu verletzen. Es vermag immerhin eine Vorstellung von dem zugeben, was Religion *auch* ist. Man könnte dieses Beispiel tausendfach variieren und in seinen Metamorphosen leicht bis in die Gegenwart herein verfolgen. Es ist dem Bereich der sogenannten primitiven Religionen entnommen, die aber auch heute noch weit verbreitet sind, wenngleich vielfach in gemäßigteren Formen. Ich wähle ein krasses Beispiel aus, um das Gemeinte zu verdeutlichen. Es handelt sich um das Menschenopfer aus religiösen Motiven und in religiöser Form. Menschenopfer sollten sowohl die geschichtliche wie die naturhafte Bedrohung des Menschen wenden. Aus Palästina und Nordafrika kennen wir den Brauch, bei Gefahr den erstgeborenen Sohn zu opfern. Im 2. Buch der Könige lesen wir: Als Moab durch feindliche Streitkräfte hart bedrängt wurde, nahm Mesa, der König von Moab, „seinen erstgeborenen Sohn, der an seiner Statt König werden sollte, und opferte ihn als Brandopfer auf der Mauer". Als Karthago im Jahr 310 v. Chr. von der Invasion des Agathokles bedroht war, wurden 200 Kinder auf diese Weise umgebracht. Derartige religiöse Riten im Fall kriegerischer Auseinandersetzungen sind sehr zahlreich bezeugt. Auch der Bedrohung durch eine menschenfeindliche Natur wurde mit nicht geringeren Mitteln zu begegnen gesucht. Der primitive Mensch lebt in ständiger Angst, die Kräfte der Natur könnten sich erschöpfen oder feindlich gegen ihn wenden. Er hat Angst, daß die Sonne um die Wintersonnenwende endgültig erlischt, daß der Mond nicht mehr aufgeht, daß die Vegetation verschwindet. Diese Angst hat ihn Jahrtausende gequält, zumal da er zum Beispiel das Ernten von Getreide als Einmischung in Naturabläufe ansah. Die mexikanischen Azteken enthaupteten bei Beginn der Maisernte ein Mädchen unter religiösem Zeremoniell. Sechzig Tage später, bei der Beendigung der Ernte, fand ein neues Opfer statt. Eine Frau wurde enthauptet und ihr sofort die Haut abgezogen. Ein Priester hüllte sich in diese Haut und nahm weitere Riten vor. Ein drawidischer Stamm in Bengalen brachte noch im 19. Jahrhundert solche Opfer dar. Dort wurde der dafür bestimmte Mensch am Opfertag in den Wald gebracht, mit geschmolzener Butter gesalbt, mit Blumen geschmückt und geweiht. Das Volk tanzte um das Opfer herum und rief: „O Gott, wir bringen dir dieses Opfer dar; gib uns gute Ernten, gutes Wetter und gute Gesundheit." Das Opfer wurde erschlagen und zerstückelt. Die Abordnungen der umliegenden Dörfer erhielten Stücke und vergruben sie mit einem bestimmten Ritual auf den Feldern, um wieder eine gute Ernte zu sichern.

Man wird vielleicht einwenden, daß das extreme Fälle sind. Das sei nicht bestritten. Aber auch das ist Religion, und die Beispiele ließen sich vermehren. Auf den Grad der Absurdität kommt es hier gar nicht an, sondern auf die Tatsache, daß pauschal die Religionen Heilswege sein sollen mit göttlich verpflichtendem Charakter.

Man müßte hier nun doch auch fragen, von welchem Heil die Rede ist, wenn die Religionen als Heilswege eingesetzt werden. Hat es mit dem Gift zu tun, von dem Karl Marx im Blick auf die Religionen spricht? Oder handelt es sich um ein Heil im Jenseits, das gewährt wird für brave Religionszugehörigkeit im Diesseits? Wird hier nicht vermeintliche theologische Weite und Toleranz bezahlt mit einer unerträglichen Aufwertung und Tabuisierung der Religionen? Ist es nicht selbst eine magische Vorstellung, wenn gesagt wird, die Wege der Religionen seien Wege ins Heil? Einfach sich zu einer, zu seiner, Religion bekennen, und schon ist man auf dem Weg zum Heil? Müßte die Aussage nicht wenigstens dahingehend abgeändert werden, daß an die Stelle dieser Religionen mit ihren Verhaltensmustern das Gewissen treten muß? Die Gewissensbindung jedes einzelnen an seine Religion ist zu respektieren, ohne Zweifel. Aber soll man deswegen die Religionen theologisch derartig aufwerten?

Religionen als Heilsentwürfe

Man sollte wohl eher sagen: die Religionen sind nicht Heilswege, sondern Heilsentwürfe, die unsere Wirklichkeit auslegen. In ihnen wird zu fassen gesucht, was den Menschen unbedingt angeht. Diese Auslegungen können nicht von Gott unter Heilszwang auferlegt sein. Diese Auslegungen sind auch nicht definitiv. Sie müssen mit der Entwicklung des religiösen Bewußtseins der Menschheit mitgehen. Tote Religionen sind nicht nur diejenigen, die unter den Lebenden keine Anhänger mehr haben. Tote Religionen sind geschlossene, auf einem einmal erreichten Stand beharrende Auslegungssysteme. Ihnen blind vertrauen und gehorchen soll ein Heilsweg sein? Heilige Kühe füttern und selbst verhungern soll denen, die sich dazu bekennen, ein Heilsweg sein? Da scheint doch die alte Antwort noch besser zu sein: nicht deswegen, sondern trotzdem wird der Mann gerettet.
Wenn man daraus einen Schluß ziehen will, muß man dahin kommen, die Religionsfrage und die Heilsfrage zu trennen. Die Heilsfrage ist aller Überlegung wert. Das letzte Wohin-Wozu-Problem des Menschen ist mit den technischen Fortschritten unserer Zeit nicht erledigt. Aber man kann es nicht auf Gedeih und Verderb und unbesehen mit allen Religionssystemen verbinden. Die Religionsfrage muß enttabuisiert und entmagisiert werden. Die von verschiedenen Religionen

entwickelten und dargebotenen Heilsentwürfe und Wirklichkeitsdeutungen müssen kritisch unter die Lupe genommen werden und dürfen gerade aus der Sicht des Christentums nicht als gottgebotene Heilswege erscheinen. Die Religionen sind Heilsentwürfe, Deutesysteme, Praxismodelle. Sie enthalten gewiß viel an überlieferter Weisheit, und man sollte sie, in denen der Mensch sein Heiligstes thematisierte, nicht geringschätzen. Aber sie spiegeln ein geschichtlich je mögliches Wissen und Bewußtsein. Sie unterstehen der kritischen Auseinandersetzung. Nur was in dieser kritischen Auseinandersetzung gemäß unserem Einsichtsvermögen sich bewährt, ist wert, bewahrt zu werden. Angebote, die nicht standhalten können, gehören allenfalls ins Museum, aber nicht als Heilswege verewigt. Die offene Auseinandersetzung um die Zukunft des Menschen und um das, was sein Heil sein könnte, ist ebenso unausweichlich wie wünschbar. Nibelungentreue zu einmal gefundenen Wegen als Heilswegen ist nicht angebracht, auch nicht um den Preis eines Heils, das als Prämie für solche Treue gewährt würde. Nicht ohne Grund ist im Neuen Testament, wo an zentraler Stelle vom „Weg" des Menschen die Rede ist, dieser Begriff an die Worte „Wahrheit" und „Leben" gebunden. Man kann die Wahrheitsfrage nicht vom Heilsweg trennen. Das heißt: das Kriterium für die Beurteilung der Religionen ist nicht das Mitleid, die Großmut oder die Indifferenz, sondern die Wahrheit.

Wenn zum Beispiel die zentrale Wahrheit des christlichen Glaubens im sogenannten Hauptgebot zur Sprache kommt, dem Gebot der Gottes- und Nächstenliebe, dann lassen sich von daher die Heilsentwürfe prüfen. Solche, die auf Haß, Rache, Egoismus, Unfriede, Unterdrückung aufbauen, sind als verfehlt zu diagnostizieren. Das bedeutet nicht, daß das Christentum einfach die Wahrheit habe und sich zum Richter der Welt und ihrer Systeme aufschwingen müsse. Gewiß, das Hauptgebot ist formuliert. Aber was das konkret bedeutet,

heute und morgen, für unser Handeln, für die Planung der Zukunft; wie Gerechtigkeit und Friede und Liebe aussehen müssen und wie die letzte Vollendung – das wissen wir nicht. Das wissen auch die Glaubenden nicht, obwohl sie an die Endgültigkeit der Liebe glauben.
Wenn es möglich und geboten ist, von der Wahrheit her die Systeme zu diagnostizieren, dann folgt daraus, daß deren Unwahrheit keine Schonung verdient. Man kann sogar sagen: die Unwahrheit diagnostizieren heißt die Systeme kurieren.

Von daher tut sich eine Möglichkeit auf, Mission neu zu verstehen. Sie wurde bisher vorwiegend verstanden als Versuch zur Bekehrung einzelner Menschen unter dem Aspekt der Heilsfrage. Daß dabei auch religiöser Imperialismus im Spiel war, ist kein Geheimnis. Wenn wir heute wissen, daß das Heil des einzelnen nicht absolut von der Evangelisation abhängen kann, bedeutet das nicht das Ende oder die Lähmung der Mission. Diese würde sich vielmehr nicht mehr nur an einzelne Menschen richten, sondern gerade auf die Religionen, auf die Heilsentwürfe und Auslegungssysteme. Religionen missionieren würde bedeuten, sie zu dem führen, was sie eigentlich selbst intendieren, was sie aber in falscher oder geringer Approximation nicht leisten. Mission wäre eine Art Geburtshelferdienst zur Neugeburt der Religionen oder dessen, was sie eigentlich wollen – wenn man darunter versteht, daß sie zur letzten Wahrheit des Menschen hinfinden und hinführen sollen. Von diesem Letzten her, von seinem Ruf her, sind sie zustande gekommen. Wenn der Ruf sich verdeutlicht, bleiben sie gerade darin ihrem ursprünglichen Gesetz treu, daß sie mitgehen, auch um den Preis tiefgreifender Änderungen. Ob den Religionen dies gelingt, bleibt offen. Aber so, wie sie jetzt sind, sollte man sie nicht als Heilswege ins Sakrosankte erheben und ihnen ewiges Leben einhauchen wollen.

Hoffnungsversuch ohne Christus

Das Land der Gerechten

Ich kannte einen Menschen, der glaubte an das Land der Gerechten. Es muß auf der Welt ein Land der Gerechten geben, sagte er. In dem Lande wohnen sozusagen Menschen von besonderer Art . . . gute Menschen.
Dieses Land der Gerechten also suchte jener Mensch. Er war arm, und es ging ihm schlecht, und wie ihm fast nichts weiter übrigblieb, als sich hinzulegen und zu sterben – da verlor er noch immer nicht den Mut, sondern lächelte öfters vor sich hin und meinte: hat nichts zu sagen – ich trag's! Noch ein Weilchen wart' ich – dann werf' ich dieses Leben ganz von mir und geh' in das Land der Gerechten.
Seine einzige Freude war es, dieses Land der Gerechten. Nun wurde nach eben jenem Ort – die Geschichte ist in Sibirien passiert – ein Verbannter gebracht, ein gelehrter Mensch mit Büchern und Plänen und allerhand Künsten . . . Und jener Mensch spricht zu dem Gelehrten: Sag mir doch gefälligst, wo liegt das Land der Gerechten, und wie kann man dahin gelangen? Da schlägt nun der Gelehrte gleich seine Bücher auf und guckt – und guckt, aber das Land der Gerechten findet er nirgends. Alles ist sonst richtig, alle Länder sind aufgezeichnet – nur das Land der Gerechten nicht.
Der Mensch will ihm nicht glauben. Es muß darauf sein, sagt er. Such genauer. Sonst sind ja, sagt er, alle deine Bücher und Pläne nicht 'nen Pfifferling wert.
Der Gelehrte fühlt sich beleidigt. Meine Pläne, sagt er, sind ganz richtig, und ein Land der Gerechten gibt's überhaupt

nirgends. Da wird der andere wütend. Was? sagt er, da habe ich gelebt und gelebt und geduldet und alles ertragen und immer geglaubt, es gebe solch ein Land. Und nach deinen Plänen gibt es keines? Das ist Raub! Und sagt zu dem Gelehrten: Du nichtsnutziger Kerl! Ein Schuft bist du und kein Gelehrter. Und gab ihm eins über den Schädel, und noch eins . . . Und dann ging er nach Hause und hängte sich auf . . .
Diese Geschichte erzählt der Pilger Luka in Gorkis „Nachtasyl". Ich weiß nicht, ob sie sich in Wirklichkeit so zugetragen hat. Doch was heißt „Wirklichkeit"? Sie ist in einem Maße wahr, daß jeder, der sie vernimmt, von ihr nur betroffen sein kann. Es ist eine abgründige Geschichte, die viele Dimensionen hat. Die Handlungsträger, die Motivationen, der Handlungsablauf, neben dem ausdrücklich Gesagten das Unausgesprochene, der unsägliche Widersinn, daß der Realist mit seiner exakten Landkarte, auf der sich das gesuchte Land nicht findet, deswegen ganz realistisch von dem erschlagen wird, der als armer Träumer sich seine verzweifelte Hoffnung um keinen Preis nehmen lassen will, so daß er darüber zum Totschläger wird – in vertauschten Rollen gleichsam der fromme Abel als Brudermörder –, und hinter allem die Traumgröße „Land der Gerechten", eine utopische und zugleich real höchst wirksame Größe, die die verschiedenartigsten Reaktionen hervorruft bei denen, die sich damit befassen: verdichtet sich in dieser Geschichte *en miniature* nicht sehr viel von dem, was wir von uns selbst und von der menschlichen Geschichte im großen wissen?
In der Geschichte des Pilgers Luka haben wir es mit einfachen, betont naiven Menschen zu tun. Von weltgeschichtlichen Zusammenhängen haben sie keine Ahnung. Der Realismus des einen ist ebenso unreflektiert wie der Utopismus des anderen. Trotzdem oder gerade deswegen verdichtet sich in ihren groben Zügen und rudimentären Konfigurationen etwas Archetypisches, von dem wir wissen, daß es die Welt des

Menschen durchherrscht, im engen wie im weiten Kreis, im einfachen Leben wie in den kompliziertesten Zusammenhängen, in bewußten wie in unbewußten Träumen, in hochfliegenden Hoffnungszielen wie in nüchternen Projekten, in namenlosen Ahnungen wie im Bereich des Nennbaren.
Was ist das, was der Mensch aus Sibirien „Land der Gerechten" nennt? Ein eitel kindliches Märchenland? Wunschbild des Zukurzgekommenen? Schlaraffenland des Träumers? Die Geschichte – nicht diejenige Gorkis, sondern die Weltgeschichte – kennt zahllose Antwortversuche, die sich in das dunkle Kontinuum der Hoffnungsgeschichte eingeschrieben haben. Viele davon sind den Weg der Seifenblasen gegangen, andere sind Materie der Tag- und Nachtträume geblieben, weniges ist als Baustein der Zukunft verwendbar. Aber aus tiefen Ursprüngen und in breiter Überlieferung kommen die chiffrenhaften Entwürfe, in denen die Hoffnung sich artikulierte, zu uns, von den Vor-fahren her, die uns, den späten Nach-fahren, ins Ausdenkbare und Unausdenkbare unserer Zukunft hinaus vorgefahren sind, einst nur in ihrem Denken und Sinnen, inzwischen aber auch in ihrem Leben.

Vergils Adventslied

Der eigenartigste und vielleicht am meisten ernst zu nehmende Antwortversuch, den wir aus vorchristlicher Zeit kennen, der aber für die christliche Hoffnung eine staunenswerte Hintergrundfolie darstellt, stammt aus dem Denken eines Dichters, der sozusagen zur Morgenröte des aufgehenden Christentums gehört. Es ist Vergil, der, anders als der Mensch aus Sibirien, im Zentrum der Weltgeschichte saß, mit allen Konsequenzen, die sich daraus ergaben. Was er zu fassen und zu sagen wußte, ist vielschichtig und offen für viele Deutungen und Wirkungen. Im Zentrum seines Werkes, das über die

Stunde und die Umstände seines Entstehens hinaus Sätze enthält, „die bis an das Tor der Ewigkeit hallen“ (Th. Haecker), steht die gleiche Größe, die in Gorkis Geschichte „Land der Gerechten“ heißt. Sie hat bei ihm die Gestalt eines Reiches, dem keine Grenze in Raum und Zeit gesetzt ist. Gerechtigkeit und Friede sind seine Kennzeichen. Es ist das, was man heute eine konkrete Utopie nennt. Das Besondere an diesem Reich ist die Art und Weise, wie es kommt, und die Verfassung, die es haben soll. In paradoxer Identität soll es Lohn der Arbeit und Sieg der Gnade zugleich sein. Es ist ein so verletzlich Lebendiges, Geschenkhaftes, uns Zugeborenes und doch irdisch Gezeugtes wie ein kleines Kind. In einem kurzen Gedicht, der vierten Ekloge, die wegen ihrer fremden Bilder nicht leicht zu verstehen ist, wird es besungen.
Die Zeit, in der dieses Gedicht entstanden ist, war von einer großen Sehnsucht nach utopischen Zukunftsgütern erfüllt. Es hat Leute gegeben, die auf das unbekannte Meer hinausfuhren, um die sagenhaften „Inseln der Seligen“ leibhaftig zu suchen. In zahlreichen Texten sind Zeugnisse eines Geistes auf uns gekommen, den man „adventisch“ nennen muß. Vor allem Horaz schildert uns in seiner 16. Epode ein künftiges Glück auf denselben „Inseln der Seligen“ in allen Farben des Paradieses. Der Jammer der Gegenwart soll abgelöst werden durch eine glückliche Zukunft; sie wird im Bild von Inseln beschrieben – ein verräterischer Ausdruck, der den exterritorialen Charakter solcher Zukunftshoffnungen aufdeckt.
Nur scheinbar gehört auch Vergil mit seinem Adventslied, der vierten Ekloge, in diese Nachbarschaft. Wenn man genauer hinblickt, sieht man das Neue und Besondere an ihm. Er konkretisiert und vergeschichtlicht gewissermaßen diese Erwartung. Er spricht nicht von den seligen Inseln einer fernen oder nahen Zukunft, sondern er sagt: die Zeit des Heiles ist bereits im Anbruch. Es ist kein zukünftiges, sondern ein auf uns zukommendes Heil; und es ist kein Heil auf fernen

Inseln, sondern in der alltäglichen Geschichte des Menschen. Auf den ersten Blick scheint er sogar ein sehr alltägliches Gebilde zu meinen, wenn er vom Heil spricht, nämlich das Imperium Romanum, das eben in diesen Jahren sich in seinen großen Umrissen zeigte. Wenn dem so wäre, dann wäre er ein politischer Hofpoet, ohne großes Interesse für uns. Dann wäre auch die religiöse Färbung seines Liedes nur ein Trick, wie er bei der Gründung neuer Herrschaftsgebilde nicht selten anzutreffen ist. Er bricht zwar in Freundenrufe aus über die anbrechende Heilszeit, aber er schildert dann diese Zeit so, daß man erkennen kann: hier liegt eine religiöse Gestalt der Heilserwartung vor; das ist kein rein politisches Lied.
Vergil setzt das Römische Reich mit dem Reich der Gottheit in bestimmter Hinsicht ineins, oder genauer: in dem von Rom zu erbauenden Herrschaftsgebilde sieht er eine geschichtliche Verwirklichung des Willens der Gottheit. Rom, so sagt er, erfüllt dadurch, daß es den Erdkreis befriedet, den Willen der Gottheit. Erfüllte geschichtliche Aufträge haben Heilscharakter, und der Auftrag heißt hier: eine dem Willen der Götter gemäße Ordnung zu errichten. Es ist für Vergil der Sinn und die Bestimmung der Geschichte, daß der Wille des Menschen mit dem innersten Sein und Streben der Dinge versöhnt und geeint wird, indem Recht und Wahrheit, Ordnung und Friede gestiftet werden. Man müßte, um das von Vergil besungene Reich zu charakterisieren, sich viel weniger an Schillers Lied an die Freude oder an Beethovens Neunte Symphonie erinnern als an die Worte der Präfation zum Christkönigsfest: ein ewiges, allumfassendes Reich; ein Reich der Gerechtigkeit, der Liebe und des Friedens.

Es wäre nun ein leichtes, diesen Sachverhalt christlich und theologisch auszuschlachten und aus dem ahnungslosen Vergil so etwas wie einen christlichen Propheten zu machen, eine adventliche Gestalt in einem oberflächlich harmonisierenden Sinn. An Versuchen dazu hat es nicht gefehlt. Man hat von der besonderen Vorsehung gesprochen, die darin zum Ausdruck kommt, daß am Vorabend der Geburt Christi im Mittelmeerraum ein riesiges Weltreich geschaffen wurde, in dem Straßen gebaut wurden für die künftigen christlichen Missionare, gute, römische Straßen. Man hat schon in alter Zeit darauf hingewiesen, daß der von Rom befriedete Erdkreis gleichsam die Bedingung war für die Ausbreitung des Evangeliums. Man hat ferner den Zusammenhang zwischen dem Reich des Augustus und dem Kommen Christi dahin gedeutet, daß das Ende der Nationalstaatlichkeit im Mittelmeerraum auch das Ende des Polytheismus bedeutete, so wie dann Kaiser Konstantin zu Beginn des vierten Jahrhunderts die politische Monarchie herstellte, um dadurch die göttliche Monarchie zu sichern, damit dem einen König auf Erden der eine Gott in den Himmeln entspreche. Man ist noch weiter gegangen und hat das Schicksal Roms direkt mit dem Schicksal der Welt und dem Glück der christlichen Religion verbunden. Das Mittelalter war von dieser Idee beeindruckt und hat im Römischen Reich eine endzeitliche und heilsbedeutsame Größe gesehen, die es zu erhalten und zu erneuern galt und die zu diesem Zweck dem Abendland übertragen wurde. Für Dante hätte sogar Christus überhaupt keine rechtmäßige Sühne für die Schuld der Menschen geleistet, wenn die Römer nicht für ihn und die ganze Menschheit die rechtmäßigen und zuständigen Herrscher gewesen wären und Jesus von Nazareth ein Bürger dieses Reiches.

Das Reich des Kindes

Wir wollen diese Spekulationen nicht weiter verfolgen, so anregend sie auch sein mögen. Im Hoffnungslied Vergils findet sich ein zweiter Gedanke, der meist übersehen wird. Das Friedensreich, das er besingt, hat nämlich überraschenderweise die Gestalt eines Kindes, oder vielmehr: das Heraufkommen des von Vergil gemeinten Reiches gleicht der Geburt eines Kindes. Es ist ein Knabe, der da geboren werden soll nach langen Wochen der Schwangerschaft; es ist die Rede von dem Lächeln, in dem Mutter und Kind sich grüßen. Dieser Knabe ist so geschildert, daß er menschlich zu sein scheint, aber kein Mensch; göttlich, aber kein Gott. Es scheint sich um keinen realen Knaben zu handeln, wohl aber um eine reale Geburt. Man hat viel herumgerätselt an diesem Kind und hat versucht, in ihm eine bestimmte geschichtliche Persönlichkeit zu erkennen. Aber diese Versuche haben zu keinem Ergebnis geführt. Die Lösung liegt darin, daß Vergil die anbrechende irdische Heilszeit, das Reich der Gerechtigkeit und des Friedens, nicht anders zu beschreiben weiß denn als Lebewesen, als Kind. Das geheimnisvoll Lebendige und zerbrechlich Schwache dieses Reiches wird in ein Bild umgesetzt. Der Knabe *ist* das Reich, und dieses Reich ist ein so zerbrechliches Geschenk des Himmels wie ein kleines Kind. Auf dieses Reich hin zielt die geheime Schickung der Dinge. Aber es kommt weder aus einer inneren Notwendigkeit heraus, so daß es sich auf jeden Fall durchsetzen würde, noch kommt es als Wunder ohne Zutun des Menschen und gegen die Gesetze der Geschichte. Es tritt nicht ohne göttliche Zuwendung ans Licht und ist doch im Menschlichen angesiedelt.

Das Land der Gerechten, von dem die Geschichte des Pilgers Luka erzählt, ist auch für Vergil auf keiner Erdkarte eingezeichnet; es liegt aber auch nicht auf einem Eiland der Zukunft, auf den „Inseln der Seligen“. Es ist vielmehr in ständiger Geburt, in stetem Kommen, wo immer geschichtliche Aufträge so erfüllt werden, daß darin der Wille der Gottheit, der Gerechtigkeit und Friede heißt, zum Ziel kommt.

Wenn Vergil so die Gestalt seiner Heilserwartung zeichnet, dann ist er kein Prophet in dem Sinne, daß er über seine Generation hinweg in die Zukunft schaute und in dunklen Worten das Ereignis von Bethlehem ankündigte. Etwas viel Wichtigeres ist hier geschehen: wo in anderen Religionen der Zauberer, der Priester und der Prophet stehen, hat hier die lautere Seele eines römischen Dichters eine Möglichkeit der Geschichte gedeutet und angesagt. Er hat nicht nach Art der Hofpoeten oder Hofpropheten den Glanz eines bestehenden Reiches besungen, sondern er hat mit der dem Römer eigenen Weisheit im Realen eine bleibende Möglichkeit und Aufgabe des Menschen aufgezeigt, daß bereits Augustus und Karl der Große und viele andere sich nur als Ausführende des aufgezeigten geschichtlichen Auftrages verstehen konnten.

Die Heilsgestalt des Reiches

Es scheint mir, daß hier etwas wahrhaft Adventisches geschehen ist, weil nämlich die Umrisse dessen, was nachher im Evangelium das Reich und die Herrschaft Gottes genannt werden, bereits hier sichtbar werden, gewiß noch in Konturen, aber doch das Wesentliche treffend und es so sehr treffend, daß in diese Erwartung hinein das Evangelium als Erfüllung treten konnte. Das Besondere an Vergil ist nicht, daß er ein paar Jahre vor Christi Geburt die Botschaft Christi gewissermaßen vorwegnahm. Das hat er nicht getan. Aber er hat die Heilsgestalt des Reiches, das Heilsgut der in Gerechtigkeit, Liebe und Frieden lebenden Menschen so gezeichnet, daß überall, wo Menschen zur Verwirklichung dieser Werte ansetzen, der religiöse Hoffnungsgehalt dieser Bemühung sichtbar gemacht werden kann, so daß man geradezu sagen kann: jede Form von menschlicher Gemeinschaft, die menschenwürdig ist, ist ein Advent Gottes und seines Reiches. Das heißt nicht, daß Menschen das Reich Gottes bauen könnten; aber es heißt, daß Gott es nicht ohne den Menschen tut. Und es heißt ferner, daß der Mensch dafür nicht vor den Wagen Gottes gespannt wird, sondern daß er in eigener Sache tätig zu sein hat, die dann, wenn sie recht getan ist, die Sache Gottes ist, der in seiner Güte das Begonnene zum Ende und die Hoffnung zur Erfüllung führt.

Denn wenn Vergil das Heil von einem messianischen Reich erwartet und wenn er dieses Reich nicht anders zu beschreiben weiß denn als Geburt eines göttlichen Kindes, dann hat er etwas sehr Wesentliches richtig gesehen: dann hat er nämlich die Gottheit und ihr Werk nicht in ein Jenseits der Welt verlagert, so daß einer in der Welt ein Teufel sein kann, wenn er nur die Augen ins Jenseits erhebt. Dann hat er auch nicht wie Dante im späten Mittelalter eine Aufteilung der Wirklichkeit vorgenommen, um den Himmel der Kirche zu überlassen, die Vernunft den Philosophen und die Erde dem Kaiser, sondern er hat das Heil im ganzen gesehen, in einem einzigen Reich, das Menschen und Göttern gemeinsam ist. Dann hat er aber auch gezeigt, wie das Land der Gerechten in diesem Leben gefunden und geliebt sein will.

Aber wenn auch der Mensch das Heil in geschichtlichen Verwirklichungen und irdischen Tatsachen zu suchen hat und nicht umhin kommt, der Erde treu zu bleiben, so ist es ihm doch verwehrt, im steten Auf und Ab der Geschichte ein bleibendes Heil als einen beständigen Zustand zu schaffen oder zu erlangen. Was wir sind und was wir tun, ist vorläufig – aber vorläufig nicht in dem Sinn, daß es nicht ernst genommen sein will oder daß es keinen Einsatz forderte oder daß es eines Tages versinke wie ein Spuk, sondern vorläufig, weil wir anfangshaft und in die Vollendung vor-laufend leben.

Wenn man die geschichtliche Existenz des Menschen so als etwas Vorläufiges und Vorlaufendes versteht, dann wird man nicht in Versuchung kommen, das „Land der Gerechten" auf einer Landkarte zu suchen oder auf einer atlantischen Insel der Seligen oder auf Eilanden der Zukunft. Das Klagelied, daß das Reich des Augustus und die nach ihm folgenden Reiche nicht zu halten vermochten, was eine naive Hoffnung von ihnen erwartet hatte, ist ein armseliges Lied und das Produkt einer sich selbst mißverstehenden Hoffnung. Wo das Gesetz des Vorläufigen herrscht, ist über die Schwelle anfangshafter Verwirklichungen nicht hinauszukommen. Wer mehr will oder erwartet, schafft Zerrbilder seiner selbst. Das Land der seligen Gerechten und das messianische Reich der Zukunft ist ein göttliches Ziel, das der Mensch nicht ungestraft als seine eigene Erfindung ausgeben kann. Die Geschichte der irdischen Reiche kennt eine Unzahl solcher Zerrbilder, die man nur als Parodien des Reichsgedankens verstehen kann, als die Geschichte einer närrisch gewordenen Idee. Wenn man diese Gestalten der Reichserwartung und ihre Metamorphosen betrachtet, von der konstantinischen Reichskirche über das Heilige Römische Reich Deutscher Nation und das mit irdischem Glanz umgebene Reich der mittelalterlichen Kirche bis hin zum idealen Vernunftreich der Philosophen und zu den Paradieses- und Heilsvorstellungen des dialektischen Materialismus, dann ist man ebenso erstaunt über die Erfindungskraft der menschlichen Sehnsucht, wie man geneigt sein könnte, in der Geschichte der Reichserwartungen eine Krankheitsgeschichte zu sehen. Dann leidet der Mensch in der Tat an der Krankheit des Reiches, das er aufbauen will und das er sich doch schenken lassen muß, weil den Frieden und die Gerechtigkeit, die er in allem sucht, kein Kaiser zu gewähren vermag. Und er leidet daran in dem Maße, in dem er sich und sein Tun nicht als ein adventhaftes Beginnen, als Hoffnungsversuch verstehen kann.

Begegnung mit dem Evangelium

Nach einer mittelalterlichen Legende soll der Apostel Paulus eines Tages das Grab des römischen Dichters Vergil in Neapel besucht haben, um mit dem Toten eine stumme Zwiesprache zu halten. Noch im 15. Jahrhundert wurde in manchen Städten Italiens in der Paulus-Messe ein Hymnus gesungen, der auf diese legendäre Begegnung Bezug nahm. In diesem Hymnus wurde in bunten Farben geschildert, wie der Völkerapostel am Grab des heidnischen Dichters weinte und die Worte sprach: Du Größter aller Dichter, was wäre aus dir erst geworden, hätte ich dich lebend angetroffen.

Wir wissen heute, daß diese Begegnung nicht stattgefunden hat, wenigstens nicht in dieser Form. Aber wir müssen auch zugeben, daß in dieser wie in vielen anderen Legenden des Mittelalters auf eine unkritische Weise eine Art höherer Wahrheit erfaßt und ausgesprochen ist. Ich meine, daß in der legendären Begegnung zwischen dem lebenden Apostel und dem toten Dichter ein zweifaches zum Ausdruck kommt: ein Wunsch und eine Tatsache. Der Wunsch vielleicht, daß die beiden Männer, die als Exponenten am Ursprung des christlichen Abendlandes standen, einander hätten persönlich kennen und das Gespräch, in das die Nachwelt sie gebracht hatte, auch persönlich hätten führen sollen. Auf jeden Fall aber die Tatsache, daß, wo schon nicht eine Begegnung der Personen, so doch eine Begegnung ihres Werkes und ihrer Botschaft stattgefunden hat. Diese Begegnung reicht deshalb über das Bedeutungslose und Zufällige anderer Begegnungen hinaus, weil hier zwei Haltungen des Geistes und zwei Verfassungen der Menschheit so aufeinandergestoßen sind, daß sich daraus ein Drittes ergab, nämlich das Christentum in seiner abendländischen Gestalt und das Abendland in seiner christlichen Gestalt.

Ein scheinbares Mißverhältnis

Man stellt sich heute mehr als früher die Frage, was wohl aus dem Evangelium Christi geworden wäre, wenn es nicht die Gestalt des abendländischen Christentums angenommen hätte und wenn der Apostel Paulus etwa mit Lao-tse oder Buddha ins Gespräch gekommen wäre. Diese Möglichkeiten sind unausdenkbar. Man erschrickt, wenn man in Berichten aus Missionsgebieten von asiatischen oder afrikanischen Formen des Christentums hört, in denen man die eigenen christlichen Lebensformen nur noch mit Mühe wiedererkennen kann, obwohl man zugeben muß, daß es gegenüber dem Evangelium zwar ein faktisches Übergewicht, aber kein prinzipielles Vorrecht des Abendlandes gibt. Es bleibt abzuwarten, in welche Richtung die Entwicklung weiterhin verlaufen wird, und vor allem, ob es dem Christentum gelingen wird, sich so global auszuweiten und zu entgrenzen, daß ein Chinese, der sich zum Evangelium bekehrt, nicht erst in der Vorwärmestube abendländischer Religiosität antichambrieren muß.
Daß eine solche Ausweitung und Entgrenzung möglich ist, und zwar nicht nur aus taktischen Erwägungen heraus, sondern weil es das Wesen der Sache gebietet und ermöglicht, zeigt die legendäre Begegnung zwischen dem Apostel Paulus und dem toten Vergil, oder, wie wir nun etwas genauer sagen können: zwischen der Botschaft des Evangeliums und der römischen Antike.

Die Begegnung, die hier stattfand, war nicht die von zwei gleichberechtigten Gesprächspartnern, die sich im Bewußtsein ihrer Gleichberechtigung an einen Tisch setzen, um einen Kompromiß auszuhandeln, sondern es war so: eine vergleichsweise winzige Religionsgemeinschaft aus dem Vorderen Orient mußte sich mit ihrer Botschaft von Heil und Erlösung einer Welt aussetzen, die mit Religionen aller Art hinreichend versorgt war. Aber das Mißverhältnis der Zahl besagt noch nicht viel. Wichtiger war ein anderes Mißverhältnis. Die Kunde vom unbekannten Zimmermannssohn aus Nazareth, von seiner Botschaft und seinem Schicksal, das doch ein x-beliebiges Schicksal zu sein schien, bedeutsam höchstens für den kleinen Kreis seiner Anhänger – diese Kunde trat hinaus in einen Raum, dessen Gestalt die Großen des Geistes geprägt hatten. Sie mußte sich einem philosophischen Denken aussetzen, das ein *uns* auch heute noch beeindruckendes und anerkanntes, weil allgemeingültiges Bild des Menschen aufgerichtet hatte. Sie pochte an die Pforten einer Welt, in der die Strenge des Denkens und die Erhellungskraft im Gedanken der Prüfstein waren, an dem jede neue Botschaft sich messen und bewähren mußte. Anders gesagt: die Botschaft der Fischer vom See Genesareth trat ein in den universalen Horizont menschlichen Denkens und Fragens, um sich darin zu bewähren oder unterzugehen. Ob Jesus der Sohn Davids war oder nicht; ob er größer war als Abraham oder nicht; ob er die Weissagungen der Propheten erfüllte oder nicht, das war hier nebensächlich. Entscheidend war, ob sein Anspruch und sein Evangelium ein allgemeinmenschliches Interesse für sich gewinnen konnte und ob er über die Bindungen des Blutes und der Religionszugehörigkeit hinaus mit der Sache, die in ihm zur Sprache kam, sich als der ausweisen konnte, der zu allen gesandt war, nicht nur zu denen aus dem Hause Israel – mit einem Wort: ob seine Botschaft vom Heil nur einen blinden Köhlerglauben forderte, oder ob es so etwas wie ein vernünftiges Vernehmen seiner übermenschlichen Wahrheit gab und geben konnte.

Hoffnung auf das Evangelium

Wenn man sich überlegt, wie seine Botschaft beschaffen sein mußte, um Gehör und Gefolgschaft finden zu können, dann heißt die erste Antwort: es mußte für ihn eine Art außerbiblische Begreifbarkeit geben.
Jeder Jude verstand, was er meinte, wenn er sich als den Sohn Davids bezeichnete oder als Erfüllung des vom Propheten Isaias Verheißenen. Für den Nichtjuden aber wäre eine solche Rede eine Art höheres Parteichinesisch gewesen. Seine Botschaft mußte sich also über die Grenzen der Religion und des Blutes und der Sprache hinweg an jeden Menschen wenden, und zwar so, daß jeder Mensch sich unmittelbar angesprochen fühlen konnte. Daß es dazu nicht genügte, eine schöne Lehre mit Engelszungen vorzutragen, liegt auf der Hand. Die sprachlichen Finessen selbst der besten Propaganda zeitigen nur kurzlebige Effekte.
Wenn wir also fragen: Wie konnte der jüdische Messias als Heiland aller Menschen auftreten und begreifbar werden? Wie konnte der Mann aus der Provinz und seine Sache so ausgeweitet und entgrenzt werden, oder richtiger: sich als so ausgeweitet und entgrenzt erweisen, daß sie jeden Menschen betraf – wenn wir so fragen, dann ist von vornherein der Gedanke auszuschalten, als ob es sich um ein Problem der Sprache handelte, um eine geschickte Ausdrucksweise etwa oder um eine treffende Übersetzung und Angleichung. Es soll dabei auch nicht die Rede sein von einem geheimen und innerlichen Wirken der Gnade oder von den wunderbaren Wegen der Vorsehung. Alle diese Dinge sind zwar auch mit in Rechnung zu setzen, aber da sie für den Geist des Menschen zu-

nächst einmal unbekannte Größen sind, läßt sich mit ihnen schlecht rechnen, wenigstens dort, wo ein geschichtlicher Befund nüchtern und sachlich befragt werden soll.
Wenn der Apostel Paulus in seiner berühmten Missionsrede auf dem Areopag seine Botschaft in Bezug setzte zum Altar des unbekannten Gottes, dann hat er das ohne Zweifel sehr geschickt gemacht. Aber er konnte das nur tun, weil es diesen Altar des unbekannten Gottes tatsächlich gab. Das bedeutet für unsere Frage zunächst einmal, daß es bei der Verkündigung des Evangeliums offenbar nicht in erster Linie um Worte geht, sondern um die Begegnung von Wirklichkeiten, und zwar um Wirklichkeiten, die einander nicht völlig fremd sein können. Es bedeutet aber vor allem, daß das, was wir vorhin die außerbiblische Begreifbarkeit Jesu genannt haben, nicht nur eine Eigenschaft des Evangeliums sein kann, sondern ebenso eine Eigenschaft oder eine Verfaßtheit dessen, der es hört. Wenn man sich diese Zusammenhänge überlegt, dann muß man sagen: das Evangelium Christi konnte und kann nur dann Gehör finden, wenn es so etwas wie eine Hoffnung ohne Christus gibt, eine Art „Advent ohne Christus". „Advent ohne Christus" – das klingt zunächst freilich sehr befremdlich. Wir sind es gewohnt, von einem christlichen Advent, von christlicher Hoffnung zu sprechen und mit Rücksicht auf das Alte Testament auch von einer jüdischen Erwartung. In einem tieferen Sinn ist mit dem „christlichen" Advent das Warten des Christen auf die Wiederkunft ihres Herrn gemeint, wie auch mit dem jüdischen Advent das Harren Israels auf seinen Erlöser bezeichnet wird.
Aber diese Formen der Hoffnung sind eher geeignet, den Blick auf das Wesentliche zu verstellen. Das Wesentliche an dieser Hoffnung scheint eher zu sein, daß sie ein „Advent ohne Christus" ist, das heißt eine Erwartung und ein Ankommen und ein anfangshaftes Werden einer Wirklichkeit, die sich nicht benennen läßt und die sich selbst nicht kennt,

wenigstens nicht vorher, nicht bevor das Erwartete und im Ankommen Begriffene da ist – und das sich wohl deshalb nicht benennen läßt, weil weder die Möglichkeiten des Menschseins noch die Vielfalt des Evangeliums sich im vorhinein festlegen lassen. Aber nur wenn es so etwas wie einen Hoffnungsversuch ohne Christus gibt, kann darüber gesprochen werden, ob sich das Christentum als eine Erfüllung für *alle* Menschen ansprechen läßt. Ein bloß christliches Hoffen ginge den Nichtchristen überhaupt nichts an. Es muß also einen universalen menschlichen Advent und Hoffnungsversuch geben, der sich aber erst durch den Gang der Dinge als solcher erweisen kann.

Der menschengestaltige Gott

Dieser Gang der Dinge hat in der abendländischen Geschichte vor allem zwei Gestalten und Ausprägungen eines solchen Advents realisiert. Die eine drückte sich im Gedanken des Reiches aus, also im Gedanken einer in Friede und Gerechtigkeit und Liebe lebenden Gemeinschaft, die als Heilsmacht erfahren wird und in der die endgültige Gestalt des Heiles im Reiche Gottes sich ankündigt. Davon war im Zusammenhang mit dem Hirtenlied Vergils bereits die Rede.

Die andere Form eines solchen Hoffnungsversuchs ohne Christus bezieht sich auf eine Person, auf einen Menschen, dem man „Heil" zurufen kann, weil er als Heilbringer auftritt oder weil man von ihm das Heil erwartet. Die Geschichte kennt viele solcher Heilandsgestalten. Das ist an sich ein trauriges Kapitel, aber es zeigt deutlich, welcher Art die Hoffnungsversuche sind, die wir hier meinen. Denn daß solchen Menschen übermenschliche und göttliche Züge zugesprochen wurden, liegt nicht nur daran, daß der Mensch offenbar

das Bedürfnis hat, seinen Mitmenschen zu vergöttlichen, sondern weil er aus einem fundamentalen Antrieb heraus nach der Anwesenheit des Heilbringend-Göttlichen in der Geschichte ausschaut.
Gerade die vorchristliche Geschichte, als deren Vertreter der tote Vergil mit dem Apostel Paulus in ein legendäres Gespräch eintrat, weiß hier von erstaunlichen Dingen zu berichten, so sehr, daß das Kommen Gottes im Evangelium „nur" noch als Erfüllung des längst Geahnten und in immer neuen Annäherungen Dargestellten erscheinen kann. Man gewinnt dabei den Eindruck, daß die Inkarnation gar kein so aus jeder Ordnung herausfallendes Ereignis ist, wie man zunächst annehmen möchte, sondern vielmehr der Höhepunkt eines Prozesses, von dem man hintendrein sagen kann, daß er höchst folgerichtig verlaufen ist.
Ihren Anfang nahmen diese Dinge darin, daß in der homerischen Religion das, was ganz des Menschen zu sein scheint, nämlich sein Leib, den Göttern zugeeignet wurde. Der Leib war nicht der Kerker der Seele, sondern etwas Göttliches und den Göttern Würdiges, so sehr, daß ein schöner Körper die Vorstellung eines menschengestaltigen Gottes hervorrufen konnte. Und wo immer im menschlichen Bereich eine Wesenserfülltheit zutage trat, da konnte das Wort vom „gottgleichen" oder vom „göttlichen" Menschen über die Lippen kommen. Das bedeutete nicht Wesensgleichheit mit dem Gotte, sondern man ahnte, daß hier das ewige und gottnahe Bild des Menschen aufleuchtete, in dem etwas Göttliches entgegentrat. Die großen Künstler des fünften und vierten Jahrhunderts stellten so in ihren Plastiken die Leiblichkeit der Götter und die Göttlichkeit des Leibes dar. Beide, die Göttlichkeit des Menschen und die Leiblichkeit des Gottes, traten so in ein Jahrhunderte währendes Wechselspiel, und bereits hier scheint es, daß der Schnittpunkt dieser doppelten Bewegung der Gottmensch sein müsse.

In dieselbe Richtung weist eine andere Beobachtung. In einem der Mythen, die Plato in sein Werk aufgenommen hat, gehören die Gottheit und der Mensch so zusammen, daß man nicht nur sagen kann: jeder Mensch trägt das Bild der Gottheit so in seinem Wesen, daß er ohne es nicht Mensch wäre, sondern der übersinnliche Gott bedurfte geradezu des Menschen aus Fleisch und Blut, damit sein Reich Wirklichkeit werde im gottgeliebten Menschen.

Der Gedanke von der Nähe Gottes, von seiner Leibhaftigkeit und von seiner Anwesenheit beim Menschen trat in immer neuen Variationen auf. Aber gerade die Vielzahl der Variationen des einen Themas zeigt das Unbefreite an diesem Tasten und Suchen. Es war nicht zu übersehen, daß die Götter eben doch fern sind und daß der Gott der Philosophen in fernen Sphären über allem Menschlichen thront. In der Religion des Volkes entstand der Ruf nach dem sichtbaren und gegenwärtigen Gott, nach dem Heiland in Menschengestalt, nach dem König aus Göttergeschlecht. Es ist tragisch, welche Wege und Irrwege diese Idee und diese Sehnsucht ging. In den Diadochenreichen Alexanders des Großen traten die Herrscher auf unter der Bezeichnung „Heilande der Städte und Provinzen". Ein Volksbeschluß aus Ephesus vom Jahre 48 vor Christi Geburt nannte den Kaiser „den Gott auf Erden und allgemeinen Heiland für das Menschengeschlecht". Die Worte „Segenskönig" und „Weltheiland" wurden zur stehenden Redewendung, und als Caligula den Thron bestieg, tönte ihm bereits entgegen: „Die Welt hat in ihrer Freude kein Maß finden können; jede Stadt und jedes Volk beeilt sich, den Gott zu schauen, denn jetzt bricht das glücklichste Zeitalter für die Menschheit an."

Welcher Lächerlichkeiten und Auswüchse die Heilandsidee in diesem Umkreis fähig war, kann ein vergleichsweise harmloses Beispiel zeigen. In einem Beschluß der Baupolizei aus der Zeit des Kaisers Claudius heißt es, daß es „gemäß der

Vorsehung des allgütigen Kaisers dem gegenwärtigen glücklichen Zeitalter angemessen sei, auch für Privatgebäude Sorge zu tragen und zu verhüten, daß durch eingefallene Häuser ein im Frieden verhaßter Anblick hervorgerufen werde". Hier spricht bereits der Amtsschimmel die Sprache des Advents. Im übrigen kann in jedem Geschichtsbuch nachgelesen werden, von welcher Art dieses glückliche Zeitalter war.
Der vergötterte Kaiser stand auf der Sonnenseite des Lebens. Der Mensch aber und sein Schicksal blieben eingedämmt in ein Diesseits, in Leid und Todesschatten, in einem Dunkel der Vergänglichkeit, dem die Vollendung versagt ist. Zu der Hoffnung, die verheißungsvoll aufgegangen war, kam die Enttäuschung, denn die Zuchtrute der Wirklichkeit kennt kein Erbarmen. Man könnte hier von einer Krankheitsgeschichte sprechen, von heißen und kalten Fieberschauern, die den Leib der Menschheit schütteln, wenn immer eine irregeleitete Hoffnung zerbricht.
Es kann nicht wundernehmen, daß sich der enttäuschte Mensch ein neues, ein verzweifeltes Bild seiner selbst schuf. Kraftlos und ohne Dauer, so sah er sich jetzt; von einem Leid ins andere getrieben, endet er im Tod. Auf edle Menschen kann eine kurze Stunde das Licht der Götter fallen, aber Schmerz und Tod kann kein Gott dem Menschen abnehmen. Leiden und Sterben bleiben Sache des Menschen. Wenn der Tod naht, verläßt die Gottheit auch ihren Freund. Im übrigen gehört die Todesqual zur menschlichen Notdurft und stört das edle Bild. Menschenschicksal ist es, Leid zu ertragen, und der rechte Mann hat die Kraft, es mit Haltung zu tun. Es ist das heroische Bild des antiken Helden. Aber ist es nicht ein verzweifelter Versuch, dem Leid dadurch zu entrinnen, daß man es ignoriert?

Der göttliche Mit-Mensch

In diese Welt hinein, die den Raum des Menschenmöglichen ausgemessen zu haben schien, trat das neue Bild vom leidenden göttlichen Mit-Menschen, der im Garten von Gethsemani das wahre, unbeschönigte Menschenlos getragen hat. Dieses Bild zeigte keinen Gott, der in olympischer leidloser Wesensfremdheit über dem Menschen steht und ihm aus dem Raum jenseits des Abgrundes herüber die Tränen abwischt, in einer Anwandlung von Menschenfreundlichkeit, aber im Innersten unbeteiligt, sondern es zeigte einen Bruder unseres Fleisches und unseres Todes. Dieses Neue, das den Gott in den Himmeln mit dem leidenden Menschensohn am Kreuz ineins setzte, war unerhört. Trotzdem muß man sagen, daß es im Fluchtpunkt der Erwartungen lag, insofern nämlich jetzt und erst jetzt in jedem Raum des Menschen und in jeder Dimension der Leiblichkeit das Bild des Gottes errichtet war.

Gott *wird* Mensch – das ist rasch hingesagt, wenn man nicht bedenkt, welche Stadien der Hoffnung und Verzweiflung diese *Werdegeschichte* durchlaufen hat und durchläuft. Aber diese Werdegeschichte, dieses anfangshafte Wirklichwerden in der Gestalt von Fragen und Hoffnungen, berechtigt uns, von einer außerbiblischen Begreifbarkeit des Evangeliums und von einem Hoffnungsversuch ohne Christus zu sprechen, wobei wiederum sichtbar wird, daß die Erfüllung dieses Advents zugleich eine Überbietung ist. Denn der kühnste Traum des antiken Menschen sah nur in der Menschen*gestalt* etwas Göttliches und nur im menschengestaltigen Gott die Weise der Anwesenheit Gottes in der Geschichte. In der Erfüllung aber war es nicht mehr nur die lichterfüllte Menschengestalt, sondern das unscheinbare und in seinem Ende traurige Menschen*los*, das er übernahm und in allen Stationen durchwanderte, so daß er ein Stück unserer Geschichte

wurde – unserer Unheilsgeschichte ebenso wie unserer Heilsgeschichte.
Hier, von den Hoffnungsversuchen her und in Gegenüberstellung zu ihnen, wird erst deutlich, warum die christliche Botschaft etwas bringen konnte, was zugleich heimlich erwartet und unheimlich neu war. Wer nur den lieben Gott vom fernen Himmel her walten läßt oder wer den Gott im Glanz, den Menschen aber im Elend sieht; wer den Aufschwung der Hoffnung so versteht, daß er einer schönen Sonntagswanderung gleicht oder einem Auszug aus unserer Leiblichkeit, der hat nicht begriffen, welche Richtigstellung das Evangelium für die alten Hoffnungen bedeuten mußte. Denn nun liegen die Geschichte und die Geschicke des Menschen, auch des an seinen schönen Hoffnungen verzweifelnden und immer wieder und in vielen Formen sich auf seine Endlichkeit und seinen Tod zurückgeworfenen Menschen, plötzlich nicht mehr durch Abgründe vom Gott des Heiles getrennt. Denn die Substanz der Hoffnung besteht nun im Gekommensein, im Da-sein Gottes genau dort, wo der Mensch am meisten bei sich und zugleich am gottverlassensten zu sein schien. Wenn der Gott-König sein Volk besucht, wird er nicht in die Hinterhöfe und Elendsviertel geführt, sondern auf die schönen Straßen und Plätze, wo auch die Armen wohnen möchten. Das Kommen des Gott-Menschen aber, von dem das Evangelium spricht, ist anders und radikaler. Denn daß Gott Mensch geworden sein soll, bedeutet hier nicht, daß da ein fremder, hoher, in den niederen Rängen doch etwas deplaziert wirkender Gast auf Besuch kam oder daß das Göttliche in einer Art Vermummung vorübergehend menschliches Aussehen angenommen habe, während seine verblendeten und törichten Zeitgenossen nicht sehen konnten oder wollten, daß aus allen Nähten seiner Verkleidung der göttliche Glanz schimmerte. Nein, so nicht. Die ausdenkbaren Hoffnungsbilder zerbrechen vor dem Unausdenkbaren, obwohl

dieses, wenn es sich einmal zeigt und da ist, sich als das Nächstliegende erweist. In Jesus ist Gott so in das Menschsein eingetreten, daß er das elendeste Los des Menschen übernehmen, der Erlösungsbedürftige und der Gottverlassene, der Weinende unter Weinenden sein konnte, der den Kelch getrunken hat. „Er hat uns nicht getäuscht", so lesen wir bei Ambrosius, „er war nicht anders, als er zu sein schien."

Doch noch einmal sähe sich die Hoffnung getäuscht, wenn wir annehmen würden, diese Menschwerdung würde uns von den negativen Abgründen des Menschseins erlösen. So, als ob der Gottmensch in diese Abgründe hinabgestiegen wäre, um sie uns zu ersparen. Oder als ob sein Kreuzweg das Ende aller wirklichen Kreuze wäre und nur noch einstweilen scheinbare Kreuze uns drückten. Wer so denkt, ist der Tiefe des Evangeliums noch nicht begegnet. Er denkt vom alten Hoffnungsbild her, wonach das erlöste Sein ein amputiertes Menschsein ist, ein seiner Negativitäten entledigtes Menschsein, eitel Halleluja und Frohsinn. Daß die Wahrheit im Ja zum *ganzen* Menschsein liege, in einem durch das Kommen und das ganze Geschick des Menschensohnes ratifizierten, unendlich ernsten Ja, einem zugleich abgrundtief trostlosen, aber gerade deswegen die Hoffnung dort, wo der Spaß aufhört, einpflanzenden Ja – das ist schwer zu fassen. Die Hoffnung will in die Ferne schweifen, doch das Gute liegt näher. Offensichtlich liegt dieses im Menschsein selbst, im Menschsein ohne Hinzufügungen und Abstriche, im göttlich vollendeten, weil göttlich bejahten Menschsein. Es scheint von daher, daß das Christsein zum Menschsein weder etwas hinzufügt noch hinwegnimmt, sondern das Menschsein radikal in Kraft setzt. Der Mensch ist ein erschreckendes Geheimnis, und der Mut, einem Evangelium zu glauben, das hier keine Flucht und keine Ausflucht vorsieht, ist groß.

JESUS

Jesus – der Weg
Für uns gelebt und gestorben?
Auferstehung des Menschen
Erlösung zur Geschichte

Jesus – der Weg

Ebenso wie in der darstellenden Kunst, so gibt es auch in der Theologie verschiedene Christusbilder. Und zwar sind diese Bilder nicht nur äußerlich in einzelnen Zügen verschieden, sondern in der ganzen Auffassung. Sie geben auf die Frage: wer ist dieser Jesus eigentlich gewesen?, jeweils eine ganz andere Antwort.

Woran liegt das? Wissen wir doch zu wenig über ihn? Ich glaube nicht, daß es daran liegt. Jemand verstehen heißt ja nicht unbedingt, alle Einzelheiten seines Lebens zu kennen. Ist er also besonders schwer zu verstehen? Ich glaube, man muß diese Frage bejahen. Er ist auf jeden Fall eine außergewöhnliche Erscheinung gewesen. Das Geheimnis seiner Person und seiner Sendung hat, auch in ganz natürlicher Hinsicht, etwas schwer Faßbares und Begreifbares an sich. Das Neue Testament macht sehr viele Aussagen über ihn. Aber auch wenn man sich auf die Basis des Neuen Testamentes stellt, bleibt die Frage: Wer war dieser? Auf welche Formel des Verstehens kann man diesen Menschen bringen, von dem es heißt, daß er der Sohn Gottes war? Und selbst wer geneigt ist, ihn als den Sohn Gottes anzuerkennen, hat damit noch keine Antwort auf die Frage, worin eigentlich seine Bedeutung besteht.

Gibt es eine Möglichkeit, seine Bedeutung einigermaßen exakt festzustellen? Die Theologen und überhaupt die Christen machen oft den Eindruck, daß sie keine Verlegenheit kennen, wenn es darum geht, ihm alles mögliche Bedeutungsvolle zu-

zusprechen und anzudichten. Aber das ist dann oft nicht sehr überzeugend. Anstatt über ihn oder über die Titel und Würdenamen, die ihm die Tradition gegeben hat, zu spekulieren, wäre es besser, auf ihn selbst zu blicken. Er hat wie jeder andere Mensch geschichtlich existiert. Das heißt: er hat nicht nur ein bestimmtes Sein, sondern eine bestimmte Geschichte und ein bestimmtes Schicksal gehabt. Sein Leben hat sich aufgebaut aus vielen einzelnen Taten und Ereignissen und Widerfahrnissen. Er hat einen Weg durchschritten. Man wird sein Wesen also noch am ersten erfassen können, wenn man auf seine Taten, seine Haltungen, seine Schicksale im einzelnen und im ganzen blickt. Die Wahrheit seiner Existenz muß sich im Vollzug seines Lebens offenbart haben.

Bild des Weges

Auf diese Weise gelangt man zum Begriff des *Weges.* Weg zunächst einmal als Bezeichnung der Weise, wie er gelebt hat und was ihm widerfahren ist. Da aber die Wahrheit dieses Lebens und dieses Weges womöglich auch für uns etwas bedeutet, ist es denkbar, daß sein Weg auch mit unserem Weg etwas zu tun hat, einfach deshalb, weil im Vollzug seines Lebens eine Wahrheit und eine menschliche Möglichkeit ans Licht getreten ist, die auch uns etwas zu bedeuten vermag.
Die Formel würde also lauten: Jesus Christus der Weg. Das ist eine bekannte Formel, die sich auf die Aussage des Johannesevangeliums – ich bin der Weg, die Wahrheit und das Leben – stützt. In der Geschichte der christlichen Theologie gibt es einen Theologen, der, wie ich meine, am deutlichsten erfaßt hat, was es mit dem Weg-Sein Jesu Christi auf sich hat: Thomas von Aquin. Er hat es zwar nicht ausdrücklich so gesagt, aber man kann es indirekt aus der Struktur seiner Theologie erschließen.

Sein Hauptwerk „Summe der Theologie“ will eine Summe oder Zusammenfassung der ganzen Theologie geben, aber nicht nach Art eines Lexikons oder einer Enzyklopädie, wo eines zusammenhanglos neben dem anderen steht, sondern in einem einzigen, bis ins letzte durchkonstruierten Gebäude, wo jeder Stein seinen ihm zukommenden Platz hat. Man hat oft gesagt, der Aufbau seiner „Summe der Theologie“ gleiche einer riesigen gotischen Kathedrale. Anfangend bei Gott, seinem Dasein und seinem Wesen, über die Schöpfung und die Geschöpfe, die Heils- und Unheilsgeschichte der Menschheit, über Gnade und Erlösung und christliche Existenz bis hin zum Letzten Gericht wird alles in einem einzigen Schwung des Denkens durchlaufen.
Hier fällt nun etwas auf den ersten Blick Erschreckendes auf, das Thomas sehr oft schon zum Vorwurf gemacht wurde: in den ersten drei Vierteln dieses gewaltigen Werkes ist von Jesus Christus fast nicht die Rede. Da werden die Erfordernisse der christlichen Existenz bis ins Detail beschrieben, auch Glaube, Hoffnung, Liebe und Gnade, ohne daß der einzige Mittler der Gnade, Jesus Christus, den ihm gebührenden Platz fände. Er wird kaum erwähnt. Erst am Ende wird auch seine Person und sein Werk behandelt, aber gewissermaßen als Teil für sich und nicht als der, auf den sich christliches Leben von Anfang an beziehen muß. In den ersten drei Vierteln ist praktisch nur von Gott und dem Menschen die Rede.
Nach Thomas richtet sich der christliche Glaube allein auf Gott. Dieser Glaube ist möglich, ohne daß man den Namen Christi kennt und nennt, obwohl natürlich die Christen sich zu Jesus Christus bekennen. Aber die gängige Vorstellung: erst einmal an Jesus Christus glauben und dann auch gewissermaßen bei Gott zugelassen zu werden (eine Vorstellung, über die K. Jaspers sich empört hat, und nicht nur er), ist zunächst einmal ausgeschaltet. Der Mensch hat es in erster Linie mit Gott zu tun, auch der Christ.

Diese Auffassung kann nun wiederum die Christen erschrekken. Ist es nicht so, daß wir den einzigen Zugang zu Gott in Christus haben? Hat nicht er die Versöhnung erwirkt und den Weg eröffnet? Führt also nicht der Weg allein über ihn?
Diese Einwände haben ihr Gewicht. Aber man muß sie genauer prüfen. Eigenartig ist nämlich, daß gerade Thomas von Aquin Jesus Christus als *den Weg* versteht, und mir scheint, daß er mehr als andere darüber nachgedacht hat, was der Ausdruck „Weg" eigentlich bedeuten kann. So gelangt Thomas gerade dadurch, daß er vor allen anderen Würdetiteln und Sachbezeichnungen und Denkmodellen Christus als den *Weg* begreift, dazu, möglichst wenig von ihm zu sprechen. Wie ist das zu verstehen?

Weg und Ziel

Wenn der Jesus der Abschiedsreden von sich sagt: „Ich bin der Weg, die Wahrheit und das Leben" (Jo 14, 6), so wird dieser Satz gewöhnlich so verstanden, daß „Wahrheit" und „Leben" als *Ziel,* als Heilsziel, genommen werden, und Jesus Christus als der Weg, der dorthin führt. Weg und Ziel wären dann zwei verschiedene Dinge, aber nur dieser Weg würde zu diesem Ziel führen. Diesen Weg gehen würde vor allem heißen, sich zu Jesus Christus bekennen, ihm gehorchen, und so weiter. Eine unangenehme Enge und Ausschließlichkeit der Bindung tritt hier oft auf. Viele sehen nicht ein, warum gerade dieser Jesus sozusagen der Stolperdraht sein soll. Gibt es nicht viele Wege zu Gott?
Diese Einwände sind mehr im Recht, als man denkt. Aber es sind Einwände gegen die falsche, wenn auch landläufige *Auslegung* dieses Jesuswortes – nicht gegen dieses Wort selbst. Denn die Worte „Wahrheit und Leben" sind nicht das Ziel des Weges, sondern eben der Weg selbst. Sie erläutern, was

Weg heißt. Er ist der Weg, indem und insofern er die Wahrheit ist. Er ist nicht willkürlich als Zugangspforte zum ewigen Heil gesetzt, sondern der Grund, weshalb er der Weg genannt werden kann, ist, daß er Wahrheit und Leben ist. Aber Wahrheit und Leben nicht als abstrakte Begriffe, sondern als Weg. Der Weg ist also zugleich das Ziel.
Ein Vergleich kann das verdeutlichen. Wenn ein Bergsteiger eine schwierige Wand durchsteigt, will er gewiß zum Gipfel gelangen und dort die Gipfelrast und die Aussicht genießen. Aber wenn es nur um die Rast und um die Aussicht ginge, würde er sich besser in ein Flugzeug setzen, wo man bequemer sitzt, höher steigt und mehr sieht. Der Bergsteiger betrachtet aber den Gipfel nicht eigentlich als Ziel, sondern eher als krönenden Abschluß. Ziel ist ihm der Weg, die Route.
Genauso ist es übrigens mit dem Menschenleben. Jeder Mensch möchte ein gewisses Alter erreichen. Aber die meisten Menschen lieben es nicht, alt zu sein. Nicht das hohe Alter ist also das Ziel, sondern das Leben und die Spanne des Lebens. So ist der Weg, das Durch-Leben des Lebens, das Ziel. Und auf diesem Weg, der in so eigenartiger Weise das Ziel ist, will jeder Mensch zur Wahrheit seines Lebens finden, will er ganz er selbst sein und seine Bestimmung erfüllen. Diese Bestimmung ist nicht eigentlich, daß er am Ende graue Haare hat oder irgendwohin gelangt (und sei es in den Himmel!), sondern daß er getan und gefunden hat in all den Jahren, was zur Wahrheit seines Lebens gehört. In religiöser Hinsicht ist es das Ziel und die Wahrheit des Menschen, Gott in seinem Leben wirklich sein zu lassen. Das ist ein Geschehen des Weges. Jeder muß seinen Weg selbst gehen, und im Gehen des Weges realisiert oder verfehlt er das Ziel. Der Weg des Menschen zu Gott ist also nicht in erster Linie ein Weg ins Jenseits, sondern der Vollzug des Lebens unter der Bestimmung der Wahrheit.

Jesus, der Weg

Wenn von Jesus Christus gesagt ist, er sei der Weg, die Wahrheit und das Leben, dann heißt das, daß er in seiner geschichtlichen Existenz, im Vollzug seines Lebens, das Leben der Wahrheit und die Wahrheit des Lebens gelebt hat, und zwar in einer für das Menschsein schlechthin gültigen Weise. So, wie er zum Vater gebetet hat und als Sohn existierte, das heißt als Existenz im Empfang, so, wie er geglaubt und gehofft und geliebt hat – das ist die Wahrheit des Menschenlebens. Hier ist im Vollzug eines Menschenlebens die Wahrheit offenbar geworden. Glauben heißt nichts anderes, als durch diese Offenbarung sich bestimmen lassen. Deshalb heißt es von Jesus nicht, daß er die Wahrheit sagt, sondern daß er sie ist. Den Weg der Wahrheit hat er uns an sich selbst aufgewiesen – so formuliert Thomas von Aquin, und er betrachtet in diesem Sinne das Menschsein Jesu als den Weg.
Daraus ergibt sich nun Verschiedenes. Zunächst: Jesus Christus verkünden heißt nicht, ständig seinen Namen im Munde führen, sondern es heißt: *den Weg der Wahrheit des Menschen aufzeigen.* Das kann man sogar tun, ohne diesen Namen zu nennen. Den Weg beschreiben heißt in der Sache, Christus beschreiben. Der Name Jesus Christus wird von vielen Christen wie ein Fetisch oder ein Götze abergläubisch dauernd im Munde geführt, und sie meinen, es sei alles gewonnen, wenn auch andere dafür gewonnen werden, es zu tun. Je öfter das Wort „Christus" oder „christlich" vorkommt, desto „christlicher" sei alles – das ist eine sehr oberflächliche, aber sehr verbreitete Täuschung. In Wirklichkeit aber muß es nicht um die Fetischierung von Namen, sondern um das Erfassen und Tun der Wahrheit des Lebens gehen. Zur Wahrheit des Lebens gehört: Gerechtigkeit, Friede, Liebe – und so weiter. Das ist bescheidener und doch schwieriger als das Nennen von Namen und das Spiel mit Begriffen. Hier

muß man nämlich sagen, was gemeint ist, ganz schlicht, für jeden begreiflich und von jedem einsehbar. Es geht im christlichen Glauben, d.h. in der von Jesus Christus bestimmten gläubigen Existenz nicht darum, die Augen zu schließen und sich auf Namen festlegen zu lassen, ohne zu wissen warum, sondern es geht darum, die Wahrheit zu tun im Vollzug des Lebens. Und im Falle der Theologie und der Verkündigung geht es darum, schlicht und nüchtern und beweiskräftig zu sagen, worin diese Wahrheit eigentlich besteht.
In diesem Sinne ist in der Theologie des Thomas Christus nicht gegenwärtig als der, der sich offenbart, und nicht als der, von dem man spricht, sondern als der, der die Wahrheit des Vaters und die Wahrheit des Lebens ans Licht bringt. Deshalb wird nicht von ihm gesprochen, sondern es wird gewissermaßen mit seinen Augen geschaut und mit seinen Ohren gehört. Es wird nicht Christus verherrlicht, sondern durch Christus der Vater. Die ‚Christozentrik' des Thomas liegt nicht dort, wo man sie an sich sucht und bei anderen Theologen auch findet, sondern sie ist gleichsam als Wasserzeichen erkenntlich und in die gesamte Daseinsaussage aufgenommen.
Nun dürfte deutlich geworden sein, weshalb Thomas von Aquin wenig von Jesus Christus spricht, aber sehr viel vom Weg des Menschen und seiner Wahrheit. Er hat Jesus Christus radikal als den Weg begriffen. Dieses christologische Konzept war ein großer Wurf, der selten richtig verstanden und gewürdigt wird. Man spürt hier etwas vom großen Atem christlicher Freiheit und von dem Mut, der dazu gehört, den Menschen nicht in die Abhängigkeit von Namen, sondern in die Gefolgschaft der Wahrheit zu führen, die ihre eigene Macht der Überzeugung hat. Man spürt aber auch, welche Mühe es macht, zu sagen, was im Einzelfall „christlich" ist. Wäre es heute verboten, das Wort „christlich" zu verwenden, käme mancher ins Stottern. Denn er müßte sagen, was er wirklich meint.

Für uns gelebt und gestorben?

Zweifel – Feind des Glaubens?

Gegenüber der soliden Sicherheit, die früher die Kirchen angeboten und vermittelt haben, ist heute die Unsicherheit und der Zweifel zum ständigen Begleiter der Christen geworden. Unlängst erklärte sogar ein deutscher Bischof: „Wer heute in seinem christlichen Glauben nicht angefochten sei, sei entweder ungewöhnlich oberflächlich – oder ein Heiliger." Damit hatte er gewiß recht. Man könnte sich allerdings fragen, ob das früher anders war. Die fraglose Sicherheit und folgsame Unmündigkeit, die in der Vergangenheit wenigstens das äußere Bild bestimmt haben, waren oft zum Verzweifeln. Demgegenüber muß man die Neubesinnung, die inzwischen eingesetzt hat und die zu einem verschärften Problembewußtsein führte, aufrichtig begrüßen. Sie ist ein Index der Lebendigkeit für das Christentum. Fragwürdig, des Fragens und auch des Zweifelns würdig sind nur Dinge, die man ernst nimmt. Man sollte deshalb nicht darüber klagen, daß heute des Fragens und Zweifelns kein Ende sei, auch wenn man sieht, wie das Infragestellen aller Dinge des Glaubens inzwischen mehr und mehr zu einer modischen Masche wird, die man saisonbedingt zur Schau stellt, um als fortschrittlich zu gelten. Das sind unvermeidbare Begleiterscheinungen in dem Prozeß der Selbstvergewisserung, in den das Christentum eingetreten ist. Man sollte auch nicht sagen, der Zweifel sei des Glaubens Feind, der Glaubende dürfe Schwierigkeiten haben, aber keine Zweifel. Das ist eine Unterscheidung, die der Verharmlosung dient. Der Zweifel ist eine radikale Form des Fragens, und „radikal“ heißt: an die „Wurzel“ gehend. Man wird also, im Gegensatz zur oberflächlichen Schaumschlägerei, die nur so tut, als ginge sie den Dingen auf den Grund, jeden ernsten Zweifel als ein Zeichen der Redlichkeit und Wahrhaftigkeit ansehen und bejahen müssen, auch wenn das unbequem ist. Man muß bereit sein zu lernen, auch wenn man in Schule und Beruf längst ausgelernt hat. Nur in dieser offenen Bereitschaft kann die Wahrheit zu ihrem Recht kommen. Der Satz, „daß nicht sein kann, was nicht sein darf“, ist ein schlechter Wegweiser. Er dient der Unterdrückung der Wahrheit, nicht ihrer Förderung. Er ist ein ideologisches Machtmittel, aber keine Methode für christliches Denken.

Sinndeutung des Kreuzestodes Jesu durch Jesus?

Das mußte wohl gesagt werden, bevor wir in einem ganz bestimmten Punkt in den „Dialog mit dem Zweifel“ eintreten. Dieser Punkt heißt: Jesus Christus – für uns gelebt und gestorben? Was ist hier fraglich und zweifelhaft? Nicht das Gelebthaben und Gestorbensein Jesu Christi an sich. Problematisch ist vielmehr das „für uns“. „Für uns“ gelebt und gestorben – dagegen erheben sich heute hauptsächlich zwei Einwände, ein historischer und ein prinzipieller. Die historische Frage lautet: Hat Jesus selbst daran gedacht, „für uns“ zu leben und zu sterben? Und prinzipiell ist zu fragen: Selbst wenn er das getan hat, könnte das irgendeine ins Gewicht fallende Bedeutung „für uns“ haben?
Zunächst zum Historischen. Die Erforschung der Quellen, die uns über das Leben Jesu berichten, hat zu dem unerwarteten Ergebnis geführt, daß eine Sinndeutung des Kreuzestodes Jesu durch Jesus selbst uns nicht erhalten ist. Zwar gibt es kein Buch des Neuen Testaments, in dem nicht in irgendeiner Form von dem „für uns“ seines Lebens und Sterbens die Rede

ist. Aber dieses „für uns" oder richtiger: die Erkenntnis, daß da etwas „für uns" geschehen ist, wird gewöhnlich von Ostern her rückwärts begründet, aber nicht im Bewußtsein des historischen Jesus selbst. Die kritische Forschung will zwar nicht ausschließen, daß Jesus von einem bestimmten Zeitpunkt an sein mögliches gewaltsames Ende in Jerusalem ins Auge gefaßt und bejaht hat als das Schicksal, das die Gerechten und Propheten erleiden müssen. Aber als sehr unwahrscheinlich gilt, daß er persönlich damit den Gedanken eines Erlösertodes verbunden hat. Die Sühne- und Stellvertretungsidee hätte Jesus auf sich nicht angewendet.
Dieses Ergebnis, das nicht als gesichert, aber auch nicht als unwahrscheinlich gelten kann, ist schockierend. Denn damit scheint der christlichen Erlösungslehre der solide Boden unter den Füßen weggezogen und das Christentum in seiner Herzmitte getroffen zu sein. Ein Erlöser, der sich selbst nicht als solcher verstand und erst im nachhinein von anderen als solcher verstanden wurde, ist eine fragwürdige Sache. Die ganze traditionelle Lehre von der christlichen Rechtfertigung und Erlösung gerät damit ins Wanken. Man kann natürlich dem Dogma mehr Glauben schenken als der kritischen Wissenschaft. Aber leichten Sinnes sollte man an den Ergebnissen der historischen Forschung nicht vorübergehen.
Die zweite Schwierigkeit ist prinzipieller Art. Sie wendet sich dagegen, daß einer den andern erlösen kann, es sei denn in einem sehr abgeschwächten und allgemeinen Sinn, so, wie eben ein Mensch einen anderen von bestimmten Sorgen und Nöten oder Krankheiten „erlösen" kann. Das gibt es natürlich. Auch Stellvertretung, gemäß der einer für den andern eintritt, und sei es bis zum Tode, etwa im Sinne von Schillers „Bürgschaft", ist nichts Ungewöhnliches. Aber etwas anderes ist es, wenn über einen bestimmten Menschen ausgesagt wird, er habe gleichsam als Vertreter der schuldigen und strafwürdigen Menschheit Strafe und Tod auf sich genommen, um Gott

Genugtuung zu leisten und ihn auszusöhnen. Das Problem ist hier also nicht, daß ein Gerechter an fremder Schuld gestorben ist. Das wäre in unserer verkehrten Welt nichts Besonderes. Sondern es soll der Gerechte und Schuldlose durch seinen ungerechten Tod stellvertretend Sühne für alle geleistet haben. Ein solcher stellvertretender Sühnetod als sündentilgendes Versöhnungsopfer wird gewöhnlich als eigentlicher Sinn des Satzes „für uns gelebt und gestorben" angesehen.
Dagegen wird nun eingewendet: Solche Opfer- und Sühnevorstellungen, in denen ein schuldlos Gerechter gewissermaßen als Sündenbock und Prügelknabe und Ersatzmann die Sünden anderer aufgebürdet bekommt, um sie zu erlösen, finden sich in vielen Religionen. Das sei eine gängige Vorstellung im alten Orient gewesen. Aber dem Wirklichkeitsverständnis des modernen Menschen entspreche das nicht mehr. Hier liege die Vorstellung vor, als ob ein Austausch von Taten und ihren Folgen möglich sei. Ein solcher magischer Stellvertretungsglaube entstamme dem mythischen Denken. Der aufgeklärte Mensch von heute könne einer solchen magischen Erlösungsmetaphysik nicht mehr zustimmen, erstens, weil es der Würde der Person entspreche, daß ein jeder für sich selber hafte, und zweitens, weil ein solcher magischer Austausch überhaupt unwahrscheinlich sei, da doch Schuld und Tod, aber auch Schmerz und Krankheit nicht übertragbar seien.
Diese Einwände haben Gewicht. Man sollte sie nicht bagatellisieren. Sie richten sich allerdings weniger gegen die Idee der Stellvertretung als gegen die Auslegung, die der Stellvertretungsgedanke in der späteren Theologie, aber auch schon im Neuen Testament, vor allem bei Paulus, gefunden hat. Die paulinische Erlösungsmetaphysik und Rechtfertigungslehre ist eine Deutung dessen, was im Leben und Sterben Jesu geschah. Diese Deutung erweckt heute Zweifel. Die Sache selbst, also das Leben und Sterben Jesu, bleibt davon nicht unbetroffen, insofern man eine neue, vielleicht bessere, auf

jeden Fall aber zeitgemäßere Deutung suchen muß. Deuten heißt verstehen. Die Frage ist, ob das Leben und Sterben Jesu so zu verstehen ist, daß da in irgendeiner Weise etwas „für uns“ geschah. „Für uns“ wird in der Regel so verstanden: Entweder: er starb für uns, zu unseren Gunsten, zu unserem Besten; oder: er erlitt für uns, an unserer Stelle, die Strafe. Die Frage, ob Gott eigentlich versöhnt und besänftigt werden muß, lassen wir dabei beiseite. Das ist ein Problem für sich. Gewöhnlich wird nun so argumentiert: „Stellvertretung“ habe ganz allgemein sein Fundament im gesellschaftlichen Miteinander der Menschen. Alle seien aufeinander angewiesen und im letzten miteinander solidarisch. Im Christentum aber habe der Gedanke der Solidarität und der Stellvertretung eine Radikalisierung erfahren. Das habe sich in Jesus ereignet, da dieser „für uns“ in die Bresche gesprungen sei.
An dieser Deutung mag etwas Richtiges sein. Ich meine aber, daß man das neutestamentliche „für uns“ nicht einseitig auf den Sühnegedanken oder auf den Stellvertretungsgedanken festlegen sollte. Das führt leicht zu gekünstelten und unglaubhaften Konstruktionen und zu modernen Mythologien.

Erlösende Teilnahme an der Situation des Menschen

Es gibt ein viel einfacheres und nüchterneres Verfahren. Anstatt bei Jesus anzusetzen und zu behaupten, daß er auf eine magisch wirksame und einfach im Glauben anzunehmende Weise etwas „für uns“ getan hat, können wir von uns ausgehen: Wir sind in der und der Situation; der Sinn des Lebens ist uns eine große Frage; Krankheit bedroht uns; die besten Freunde sterben uns weg; das ungerechte Leiden schreit zum Himmel; wir selbst haben den Tod vor Augen und spüren das fast jeden Tag. – Kann das, was über Jesus berichtet wird, uns bei der Deutung unseres Daseins helfen? Bietet sein Leben

und Sterben vielleicht einen Schlüssel? – Dann würde das, was in seinem Leben und Sterben sichtbar geworden ist, uns weiterhelfen. Es wäre „für uns“ eine Hilfe, damit wir uns selbst, unsere Aufgabe, unseren Weg und unsere Bestimmung zu verstehen beginnen könnten. Dann hätte Jesus gleichsam dadurch, daß er im Blick auf die Wahrheit des Menschen sein Leben und Sterben so und so vollzogen hat, die entscheidende Wahrheit ans Licht gebracht, weniger theoretisch als vielmehr praktisch, durch den Vollzug seines Lebens und Sterbens. An seiner Botschaft und seinem Geschick kann man also einiges ablesen, das „für uns“, für unser Verstehen und Tun, tatsächlich Bedeutung haben kann.
Damit ist freilich noch nicht alles gesagt. Die Bedeutung Jesu für uns beschränkt sich nicht darauf, daß er uns gleichsam eine „Anweisung zu glückseligem Leben und Sterben“ gegeben hat. Die entscheidende Frage ist, was in seinem Leben und Sterben eigentlich offenbar geworden ist. Ist es die Behauptung, hier habe ein Gott für uns gelitten? Oder ist es nicht vielmehr die Art und Weise, wie hier einer sein Leben und Sterben vor Gott vollzogen hat, die offenbarend wirkt? Denn er hat uns das Leben und Sterben weder abgenommen noch verschönert, sondern „nur“ in seinem Sinn aufgedeckt. Er hat damit „für uns“ einen Sinn entdeckt und eine Möglichkeit geschaffen, die an unserer Situation nicht vorbeigeht. Er hat die Situation der Heillosigkeit, in der wir uns, durch persönliche und durch fremde Schuld, befinden, durch Teilnahme und Wandlung überwunden, er für sich, gehorsam und im Blick auf den Vater, aber dadurch auch „für uns“. Der Weg, den er gewiesen hat, führt nicht mit Hilfe von Surrogaten am Menschenlos vorbei, sondern mitten hinein in seine dunkelsten Tiefen.

Auferstehung des Menschen

Eine Grenzerfahrung

Von einem Theologieprofessor, der sein Leben lang brav sein Fach vertreten hat, wird berichtet, daß er, nachdem er in den Ruhestand getreten war und endlich Zeit dafür hatte, sich mit Fragen zu beschäftigen, die ihn persönlich interessierten, angefangen hat, sich mit dem Tod und dem Jenseits zu befassen. Man muß allerdings wissen, daß dieses Thema nicht zu seinem eigentlichen Fachgebiet gehört hatte. Er verschaffte sich also alle möglichen Bücher und gelehrten Abhandlungen über Tod und Jenseits. Da er alt war und den Tod vor Augen hatte, war es nicht nur eine distanzierte Neugier, was ihn bewegte, sondern er wollte wissen, was ihm bevorstehen würde, wenn er über kurz oder lang sich auf den Weg mache, von dem es keine Rückkehr gibt. Jahrelang trieb er es so, zäh, mit anhaltender Geduld und wachsender Ungeduld. Schließlich warf er die Bücher hin, einigermaßen verzweifelt, und erklärte: Nichts weiß man darüber. Unwissend und blind werde ich den letzten Schritt tun müssen.
Diese Geschichte ist nicht erfunden. Der Mann, von dem hier die Rede ist, starb einen guten, wenn auch nicht leichten Tod. Er war ein gläubiger Christ, Theologieprofessor und also Fachmann für Glaubensfragen obendrein, und er hatte zeit seines Lebens am Glaubensbekenntnis festgehalten, in dem es heißt: Ich glaube an die Auferstehung des Fleisches. Mit diesem Glauben und dieser Hoffnung lebte er und ist er schließlich gestorben. Der Versuch, das Terrain dieser Hoffnung zu erkunden und seinen Glauben mit etwas Wissen aufzuhellen,

schlug fehl. Aber wer daran geht, sich in der Fachliteratur darüber zu informieren, was eigentlich die Kirche und die Theologie zum Thema „Auferstehung des Fleisches“ zu sagen weiß, dem ergeht es wohl ähnlich. Ich muß allerdings hinzufügen, daß diese Erfahrung heute ziemlich verbreitet ist und daß dies auch in den einschlägigen Veröffentlichungen zum Ausdruck kommt. Der Wissensoptimismus früherer Zeiten, die über das Jenseits so genau Bescheid wußten, ist dahin. Die letzten Dinge sind der Ort, wo die Ratlosigkeit der Theologie am deutlichsten in Erscheinung tritt. Das ist verständlich und eigentlich selbstverständlich, denn wo die Grenzen der raumzeitlichen Welt erreicht werden, muß die menschliche Sprache ins Stottern geraten.

Spekulationen zur jenseitigen Welt

Aber das war nicht immer so. Es gab Zeiten, wo man meinte, die Welt und die Überwelt in ihrem Aufbau genau zu kennen; wo man eine Physik und Topographie des Jenseits trieb und um keine Auskunft verlegen war. Die Lehrbücher wimmelten von gelehrten Hypothesen. Man wußte zum Beispiel ziemlich genau, wie es im Jenseits aussieht und zugeht, und speziell in der Frage der Auferstehung des Fleisches hatte man präzise Vorstellungen über die Art und Beschaffenheit des Auferstehungsleibes: ob man dort, da ja der Leib aufersteht, noch ißt und trinkt, ob die Verdauungswerkzeuge erhalten bleiben, ob die Menschen noch nach Geschlechtern verschieden sein werden, und so weiter. Man glaubte zu wissen, auf welche Weise die Seele den toten, längst zu Staub zerfallenen Körper wieder in Besitz nehme und wie Gott Zusammengehöriges wieder zusammenfüge und die toten Gebeine erwecke. Irgendwo bin ich sogar auf die Theorie gestoßen, daß die Leiber der Auferstandenen das Aussehen von Dreißigjährigen haben

und daß alle männlichen Geschlechts sein werden. Das höchste Ideal war dem frommen Erfinder dieser Theorie offenbar ein dreißig Jahre junger Held männlichen Geschlechts.
Angesichts dieser Sachlage fragt es sich, wie es sich mit dem Bekenntnis zur Auferstehung des Fleisches heute verhalte. Soviel ist sicher: die Letzten Dinge, also Tod und Auferstehung und jenseitiges Geschick, sind unanschaulich geworden. Das ganze Weltsystem hat sich geändert. Früher hat man sich die Auferstehung in einer Welt ausgemalt, die es nicht mehr gibt. Dort, wo einst der Himmel zu sein schien, machen nun höchst irdische und keineswegs engelgleiche Astronauten Weltraumspaziergänge. Gott wurde seines alten Himmels beraubt. Er ist für unser vorstellendes Denken gleichsam heimatlos geworden. Wir können den Himmel nicht mehr lokalisieren, und wir können uns auch nicht vorstellen, daß einmal auf diesem Erdensystem unzählige Milliarden verklärter Menschenleiber wandeln sollen.
Wie verhält es sich angesichts dieser Lage mit dem alten Glauben? Er scheint in einer verzweifelten Situation zu sein, die dadurch nicht besser wird, daß man so tut, als ob alles beim alten wäre. Ein Ausweg scheint darin zu liegen, daß man die alte Hoffnung vom Himmel auf die Erde herunterholt und gleichsam in die Hände der Wissenschaftler und Ärzte verlegt, die für ewiges Leben sorgen mögen. Wer vorher stirbt, kann tiefgekühlt besseren Zeiten entgegenharren. Demnach wäre eine bessere Zukunft unser Gott und unser Himmel, und die Menschheit wäre eben dabei, auf dem Reißbrett und in den Labors seine Konturen zu entwerfen.
Ich weiß es nicht, aber ich fürchte, daß derlei Spekulationen eines Tages nicht weniger belächelt werden als jene der alten Theologie mit ihren Detailauskünften über das Jenseits. Der Mensch ist von Natur ein ungeduldiges Wesen, und nichts tut er mit größerem Unmut, als seiner Ungeduld und seiner Phantasie Zügel anzulegen. Rastlos entwirft er neue, bessere

Welten, und den Konstrukteuren der Zukunft ist es fast schon gelungen, uns von ihren Projekten zu überzeugen. Indessen liegt hier ein fundamentales Mißverständnis vor. Ich denke dabei weniger an den rührenden Glauben, daß alles immer noch besser komme, als an die trügerische Erwartung, wonach der Mensch sich selbst erlösen könnte.

Auferstehung des „Fleisches"?

„Wenn Gott ist, dann ist das definitive Heil der Sterblichen allein in ihm", so sagt es christliche Überlieferung. Von daher muß der Glaube an die Auferstehung des Fleisches neu überdacht und geprüft werden.

Wer hier einige Klarheit gewinnen will, muß sich zuerst über den genauen Sinn dieser Aussage Gewißheit verschaffen. Wer die Geschichte des Satzes von der Auferstehung des Fleisches zurückverfolgt bis in seine ersten Anfänge, ist überrascht. Er hatte einen harten Weg durch die Geschichte, voll von Mißverständnissen. In der Heiligen Schrift findet er sich in dieser Form nicht. Erst in den ersten Jahrhunderten fingen die Christengemeinden an, ihren Auferstehungsglauben in dieser Formulierung zu bekennen. Die Formulierung geht allerdings auf den biblischen Sprachgebrauch zurück. Der Mensch wird dort „Fleisch" genannt, der ganze Mensch und nicht nur sein Leib, aber eben der ganze Mensch in seiner leibhaften und leibhaftigen Wirklichkeit. Solange man wußte, daß „Auferstehung des Fleisches" nichts anderes heißt als „Auferstehung des Menschen" in allen Dimensionen seiner Existenz, ging alles gut, wenigstens von der Form der Aussage her. Erst später, als man neben dem Leib auch noch eine Seele oder gar eine unsterbliche Seele unterscheiden gelernt hatte, stellten sich jene Schwierigkeiten ein, die dazu führten, endlose Spekulationen über die Wiederbelebung der toten Leichname anzustellen. Von der Sache her ist darüber aber im Glaubensbekenntnis überhaupt nichts ausgesagt. Man würde viel besser nur von der Auferweckung des Menschen zum ewigen Leben sprechen.

Dem stellt sich allerdings eine zweite Schwierigkeit entgegen, nämlich die leibfeindliche Auffassung, zu der manche Philosophien und Religionen neigen. Wo man den Leib als Kerker oder Gefängnis der Seele betrachtet, kann Erlösung nur bedeuten: Befreiung vom Leib. Wo der Mensch als unselige Verbindung von Seele und Leib gilt, also von Engel und Tier, hat er, um mit Schiller zu reden, die Aufgabe, „der Wollust des Wurmes" zu entsagen und „als Cherub vor Gott zu stehen". Demgegenüber verkündet die biblische Botschaft gerade die Erlösung des ganzen Menschen: nicht Erlösung vom Leib, sondern Erlösung des ganzen Menschen in seiner durch Leiblichkeit geprägten Eigenart. Die Formulierung „Auferstehung des Leibes" bietet ebenso Schutz gegen die Verächter des Leibes, wie sie Anlaß zu den Mißverständnissen der genannten Art gab.

Gegen Mißverständnisse ist nun allerdings kein Kraut gewachsen. Sie sind das halbe Leben. Aber sie können und dürfen uns nicht hindern, zum Kern der Sache selbst vorzustoßen. Der aber besteht darin, daß der ganze Mensch in seiner leibhaftigen und geschichtlichen Wirklichkeit Gegenstand der Erlösung ist; daß Leiblichkeit keine vorläufige, sondern eine endgültige Bestimmung des Menschen ist, wobei mit Leiblichkeit nicht eine Ansammlung von Materie gemeint ist, sondern eine Form des Existierens. Das heißt: Mit dem Satz „Ich glaube an die Auferstehung des Fleisches" bekenne ich, daß nichts abgetan und verloren sein wird, was ich in diesem Erdendasein tat und was mir widerfuhr. Nicht eine neutrale, indifferente und undifferenzierte unsterbliche Seele geht ins Heil ein, sondern mir selbst als diesem und keinem anderen ist die Verheißung ewigen Lebens gegeben.

Hinter diese Verheißung und die durch sie begründete Hoffnung gibt es kein Zurück. Jede Spekulation darüber und jeder Versuch, den Schleier des Geheimnisses zu lüften und sich das Wie auszumalen, ist müßig. Diese letzte und entscheidende Hoffnung mag stammeln und stottern, wenn sie sich rechtfertigen soll, aber sie allein hält dazu an, das Leben nicht wegzuwerfen oder als einen sinnlosen Jahrmarkt zu betrachten, sondern als die Stätte, wo wir die Materie unserer Ewigkeit vorfinden und aufbringen. Sie ist wissenschaftlich weder beweisbar noch widerlegbar. Aber sie ist nicht unbegründet.

Erlösung zur Geschichte

Die selbstverständlichsten Dinge verlieren oft ihre Selbstverständlichkeit, sobald man sie nicht mehr fraglos hinnimmt. Es ist für uns selbstverständlich, daß auf das Heute ein Morgen folgt, daß die Sonne aufgehen und wieder untergehen wird, daß die Tage sich aneinanderreihen und die Wochen und Monate und Jahre – mit einem Wort: daß es die *Zeit* gibt. Es gibt sie, aber sie ist nur, indem sie vergeht. Was ist die Zeit? Gibt es sie nur deshalb, weil die Erde sich um ihre Achse dreht, weil der Mond sich um die Erde herumbewegt und Erde und Mond um die Sonne herumfliegen und so den Ablauf der Stunden, den Wechsel von Tag und Nacht und die Abfolge der Jahreszeiten hervorbringen? Oder gibt es die Zeit nur, weil es Uhren gibt? Offenbar nicht. Denn wenn wir einen Menschen in einen dunklen Keller sperren, so daß er die Sonne nicht sieht, und wenn wir ihm auch die Uhr wegnehmen, so wird es auch für ihn eine Zeit zu essen und eine Zeit zu schlafen geben. Und wenn die Uhr seines Daseins abgelaufen ist, auch eine Zeit zu sterben. Was ist also die Zeit, die auch in die tiefsten Keller eindringt und die man nicht loswerden kann? Was ist die Zeit, die die Spanne unseres Lebens wie ein gefräßiges Nagetier verzehrt, unaufhaltsam und unersättlich, bis nur noch Staub von uns da ist?

Die Zeit, der spielende Knabe

Wir neigen heute dazu, in der Zeit einen gleichmäßig strömenden Fluß zu sehen, ein Fließband, auf das wir gestellt sind und von dem wir nicht herunterkönnen, ein Fahrzeug mit verriegelten Türen. Aber ist die Zeit wirklich etwas beständig Fließendes? Die Zeit der Zukunft gibt es noch gar nicht; die Zeit der Vergangenheit ist dahin. Wirklich ist nur die Jetztzeit, aber dieses Jetzt ist auch nicht zu fassen. Eben war es noch, schon ist es dahin. Und jedes Jetzt zeigt ein anderes Gesicht. Der Mensch scheint überhaupt nur ein lebendiges Jetzt zu sein, das sich eine Weile durchhält, bis das Öl seiner Lampe verbraucht ist. Ein Jetzt, das ausgestattet ist mit der zweifachen Gabe der Hoffnung und der Erinnerung. Die Hoffnung bringt die Zukunft hervor, die Erinnerung bewahrt die Vergangenheit, aber wirklich ist nur das Jetzt, das die Narben der Vergangenheit an sich trägt. Wenn man die Sache so betrachtet, wird es sehr fraglich, ob es so etwas wie einen kontinuierlichen Strom der Zeit gibt. Manchmal vergeht die Zeit rasch, manchmal vergeht sie langsam. Man sagt nun zwar, das bilden wir uns nur ein; die Uhr sei ein unbestechlicher Maßstab, und sie beweise uns das Gegenteil. Aber die Uhr ist nur eine Maschine, die so gebaut wurde, daß ihr Zeiger sich regelmäßig bewegt. Sie bringt die Zeit nicht hervor, und sie kann die Zeit auch nicht eigentlich messen, ich meine: die Menschenzeit. Was weiß schon eine Uhr davon, wie erfüllt und wie leer für einen Menschen die Zeit sein kann? Was weiß sie davon, wie die Stunden dahinfliegen können und wie die Augenblicke sich dehnen, je nachdem? Die Menschenzeit kennt Längen und Kürzen, Höhen und Tiefen, Gefahr und Geborgenheit, Heil und Unheil, und alles das zugleich und in einem. Sie hat Heils- und Unheilsqualität. Man hat zwar versucht, diese beiden Dinge auseinanderzureißen und zum Beispiel in der Gegenwart nur eine „schlechte" Zeit zu sehen; die „gute" Zeit

ist dann die Vergangenheit oder die Zukunft. Aber in Wirklichkeit ist die Zeit immer zugleich gute und schlechte Zeit. Ich meine damit nicht, daß es immer gute und schlechte Menschen oder gute und schlechte Ereignisse und Dinge zugleich gibt, sondern daß die Zeit selber ein Janusgesicht trägt. Jeder Augenblick ist ein Angebot auf Erfüllung; aber jeder Augenblick bringt auch die Gefahr mit sich, daß wir das Erreichte verlieren. Deshalb hat der Mensch Angst vor der Zeit, obwohl er von ihr alles erhofft. Das Ganze aber ist ein Ausdruck für die zwiespältige Situation, in der wir leben.
Daß die Zeit ein Janusgesicht hat, weiß im Grunde ein jeder. Sie glättet mit sanfter Hand die Falten, und sie reißt beständig neue Wunden. Sie läßt das Schreckliche vergessen, aber man vergißt auch das, was man nicht vergessen sollte. Zeit heilt Wunden, sagt man. Die Zeit ist eine Erfinderin und gute Mitarbeiterin, aber sie ist auch ein greuliches Untier, das keine Blume blühen sehen mag. Auf dem Rücken der Zeit reiten wir durch die Landschaft der Geschichte und über die Täler und Höhen unseres eigenen Lebens, um die Wahrheit unseres Daseins zu erfahren. Aber die Zeit ist auch ein herzloses Ungetüm, das seine eigenen Kinder frißt. Der Zahn der Zeit nagt an allem, was uns lieb und wert ist. Alles zersetzt sich, zerbröckelt, verfällt. Die Zeit stattet den jungen Menschen mit Hoffnungen aus und mit hochfliegenden Plänen – und sie entwindet dem älter werdenden Menschen das, was er hatte und schuf. Sie gestattet kein Besitztum für immer, sie läßt das Hirn verkalken und die Muskeln erschlaffen. Bald ist sie ein Segen, bald ein Fluch, und immer beides zugleich. Sie fördert das Wachstum der Dinge, aber die Dinge wachsen darin ihrem Tod entgegen. Und sie bringt schließlich die Geschichte hervor, dieses blinkende Gewirr.
Was ist also die Zeit? Eine alte Antwort lautet: Sie ist wie ein Knabe, der spielt, hin und her die Brettsteine setzt, Aufstieg und Abfall nach Belieben verteilt in einem die Götter ergöt-

zenden Spiel. Für die Menschen aber, die aufblühen und dahinwelken wie das Gras, sind Zeit und Geschichte wie eine blinde Rotation von Elend und Glück, in der sie hin- und hergerüttelt werden, bis sie des Lebens müde sind. Man hat deshalb den Menschen geradezu das zeitbekümmerte Wesen genannt. Ein zeitbekümmertes Wesen, weil er vor dem Janusgesicht der Zeit sich ängstigt und weil er das Grauen verspürt gegenüber einem Weltlauf, an dem er teilhat, den er aber nicht versteht. Wenn wir die Menschheit auf ihrem Weg durch die Jahrtausende verfolgen, bietet sich immer das gleiche Bild: sie sucht das Dauernde, das der Zerstörung widersteht; sie widersetzt sich dem Zunichtewerden; sie sucht im heillosen Wandel ein bergendes Asyl; sie sucht in der Zeit einer zeitlosen Welt ansichtig und teilhaftig zu werden.

Flucht aus der Zeit

Man sollte nicht glauben, wie viele Möglichkeiten es gibt, der Herausforderung der Zeit zu begegnen. Ein erster Versuch besteht darin, daß man mit kindlich-naivem Trotz sich der Zeit entgegenstemmt. Man will die Güter, die man liebt, in der Zeit befestigen. Man trotzt der Veränderung. Man bleibt jugendbewegt bis ins hohe Alter. Man macht Stiftungen „auf immer und ewig". Man baut aus Granit und Gneis. Man mumifiziert die Toten. Man liebt das Gold, dem der Rost nichts anhaben kann – mit einem Wort: man sucht das Zeitliche und Vergängliche zu verewigen und der Veränderung zu trotzen. Der Erfolg ist freilich gering. Die Zeit, dieser spielende Knabe, ist allemal stärker.
Ein zweiter Versuch besteht darin, daß der Mensch einer Welt ansichtig werden möchte, die über und jenseits der Zeit liegt. Er erhebt die Augen zum Himmel, wo das wahre, ruhige Sein ist. Er übersiedelt in eine wandellose, ewige Welt. Er entdeckt

das unwandelbare Reich der Werte, die unveränderlichen Gebilde des Wahren, Guten und Schönen, die Beständigkeit von Gesetz und Ordnung. Anschauend versenkt er sich in diese unvergängliche Welt. Das höchste Glück besteht dann darin, das Auge aufzuschlagen zu den seligen Gefilden der unsterblichen Götter. Die Geschichte ist dann nur noch ein Jahrmarkt der Eitelkeiten; der einsichtige Mensch läßt die Finger davon und zieht sich aus dem Getriebe zurück. Er sucht sein Heil in der Überzeit und Übergeschichte; er macht gleichsam eine Evasion aus der Geschichte, denn sein Asyl, in dem er sich bergen möchte, liegt jenseits der Sterne.
Andere wiederum sagen: In der guten alten Zeit war alles besser. Da lebten die Menschen noch in Übereinstimmung mit sich selbst. Sie waren den Ursprüngen näher. Das Zauberwort, mit dem die Schrecken der Zeit überwunden werden sollen, heißt hier: „Zurück!“ Zurück zur Natur, zurück zum einfachen Leben, zurück in die dichtere Wirklichkeit der Ursprünge. Das Wörtchen „zurück“ verbirgt sich auch in Worten wie Re-form (das Wieder-finden der alten, echten Form) und Re-volution (die Wiederkehr des guten Alten). Die Neuerungsbewegungen sind in Wahrheit Erneuerungsbewegungen, geboren aus dem Glauben, im alten Guten liege das Heil. Das Heil liegt nach dieser Ansicht in der Rückkehr, nicht im Fortschritt. Der Fortschritt ist hier ein Schritt-Fort, ein Fortschreiten und Sich-Entfernen von den Ursprüngen. Das Neue, das dem modernen Menschen oft nur deshalb, weil es neu ist, als wertvoll erscheint, ist dort nicht nur nichts wert, sondern eine beständige Gefahr. Das Neue ist Sünde, Hybris, Abfall. Je älter zum Beispiel ein Brauch, eine Konvention oder eine liturgische Form ist, desto besser und echter scheinen sie zu sein. Man konserviert, statisiert, restauriert – und alles aus dem unbewußten Glauben heraus, das Heil liege in der Vergangenheit. Es ist im Grunde eine Flucht aus der jetzigen Zeit in die Vergangenheit, eine Flucht aus der Geschichte

nach rückwärts. Dahinter steht die Furcht vor dem Risiko der Geschichte und die Angst vor den offenen Wegen der Zukunft. Und das Asyl des zeitbekümmerten Menschen liegt hier im „Einst“ einer vergangenen, größeren Zeit.

Ein vierter Versuch lautet wiederum anders. Man sagt: Das Heil liegt in der Zukunft. Lasset uns einen besseren Menschen machen und eine bessere Welt, so lautet hier das Programm. Der Fortschritt führt zu immer besseren Lebensbedingungen. Jeder Tag bringt uns dem Ziel näher. Die guten Tage kommen erst. Es geht aufwärts. Das ist der Fortschrittsglaube des modernen Menschen, der uns in Fleisch und Blut übergegangen ist und der zu den großen Selbstverständlichkeiten der vergangenen Jahrhunderte gehört. Aber auch er ist fragwürdig – fragwürdiger vielleicht als alle anderen Haltungen zu Zeit und Geschichte. Man behauptet zwar, hier liege doch wahrhaftig eine Bejahung von Zeit und Geschichte vor, hier blühe das Prinzip Hoffnung, hier schaffe der tätige Mensch sich sein Heil. Aber wenn man genauer zusieht, ist auch das eine Flucht aus der Geschichte. Fordern die einen eine Rückkehr zur „großen Zeit“ der Ursprünge und also eine Flucht nach rückwärts, flüchten die andern aus den Schrecken des Diesseits in ein seliges Jenseits, so liegt hier eine Flucht nach vorwärts vor. Man flüchtet aus der üblen Jetztzeit in die Hoffnung auf eine bessere Zukunft. Es ist ein Aberglaube an eine Zukunft, die nie halten wird, was sie verspricht. Das Hier und Jetzt dieser Stunde wird verkauft für die Fata Morgana einer Morgenröte, der kein Tag folgen wird. Auf den Gräbern der Toten, zu denen auch wir bald gehören werden, sollen die Festhallen errichtet werden, in denen getanzt wird. Aber die Steine, aus denen gebaut wird, können das Gebäude nicht tragen. Was wäre das auch für eine Welt, in der Milliarden von Menschen leben und leiden und sterben, damit das Geschlecht der letzten Tage in Hülle und Fülle habe, was alle anderen entbehren mußten? Nein, der Kult der Zukunft ist die größte Mensch-

heitsverrücktheit und das erbärmlichste Zeugnis für unsere Flucht. Aber diesem Kult der Zukunft begegnen wir nicht nur bei denen, die an ein irdisches Paradies der Zukunft glauben. Auch der religiöse Mensch ist stets versucht, die Gegenwart für eine bessere Zukunft zu verkaufen. Auch der Fromme erträgt das Übel der Jetztzeit nur, weil es eines gewissen Tages endgültig aufhören wird. Und er glaubt, es besonders gut zu machen, wenn er die Jahre seines Lebens in der Sorge durchläuft, sein besseres, zeitloses Selbst nicht durch die Ungunst und die Wechselfälle der Zeit zu verlieren. Die Zeit ist ihm der Versucher, der die Guten der Gefährdung aussetzt. Die Parole heißt deshalb: durchhalten. Die Finger sauberhalten von dieser schmutzigen Welt. Sich bewahren. Die Zukunft wird es lohnen. Gut ist man nur, damit man es in der Zukunft, die auch im Jenseits liegen kann, besser hat. Glaube, Hoffnung und Liebe sind hier nur ein Mittel zum Ziel. Das religiöse Verhalten wird zu einem Zweckverhalten und damit entwertet. Das Gebot heißt dann nicht mehr: Sei gut – sondern: Sei gut, damit . . .; nicht: Liebe deinen Nächsten – sondern: liebe ihn, damit . . . Wie sollte es auch anders sein, wenn das Jetzt nichts gilt und die diesseitige oder jenseitige Zukunft alles.
Allen diesen Versuchen ist gemeinsam, daß sie jeweils die Jetztzeit ablehnen. Die Zeit, in der man gerade lebt, wird im Grunde nicht angenommen. Man will zurück in die geschichtslose Zeit der Ursprünge, man flüchtet sich in eine Überwelt der ewigen Ideen und Ideale, man verkauft das Heute für ein besseres Morgen. Das Heil liegt vor der Geschichte oder über ihr oder hinter ihr. Diese Erlösungslehren – denn um solche handelt es sich, auch wenn man es nicht weiß – verkündigen praktisch eine Erlösung von der Geschichte.

Wo wäre hier die christliche Heils- und Erlösungslehre einzuordnen? Um es gleich zu sagen: in keinem der vier genannten Typen. Gewiß, es gibt bestimmte Ähnlichkeiten und Anklänge. Deshalb kann sich ja der Rückschrittsgläubige ebenso für einen Christen halten wie der Fortschrittsgläubige. Ähnlichkeiten sind zum Beispiel darin gegeben, daß auch die Schätze des Christen dort sind, wo Rost und Motten sie nicht verzehren können. Auch die Christen erheben die Augen zum unwandelbaren und treuen Gott. Ebenso ist die Dimension der Zukunft vorhanden. Das alte Israel mußte lernen, daß der Messias und sein Reich in der Zukunft kommen werden, und auch wir erwarten das Wiederkommen des Herrn, die Auferstehung der Toten und das Leben der künftigen Welt. Und diese Haltung zur Zukunft ist kontrapunktiert durch eine vom Christentum nicht zu trennende Haltung zur Vergangenheit. Das Christentum ist historischen Ursprungs. Die zentrale Person und das zentrale Ereignis des Christentums liegen bald zweitausend Jahre zurück. Die christliche Wahrheit wird von Büchern bezeugt, die uralt sind. Und immer wieder heißt es: in illo tempore – in jener Zeit, in jener Zeit der größeren Ursprünge geschah das und das. Das exemplarische Ereignis liegt also auch hier in der Vergangenheit. Der exemplarische Mensch, der neue Mensch der Zukunft, hat bereits gelebt. Sein Name war Jesus von Nazareth, und er war der Christus. Das heißt: obwohl er in der Vergangenheit gelebt hat, hat er uns heute noch etwas zu sagen. Er ist das Modell und der Archetyp des neuen Menschen. Wer sich von ihm den Sinn und die Wahrheit des Lebens sagen lassen will, muß sich also gewissermaßen geschichtlich nach rückwärts orientieren. Auch hier ist ein „Zurück“ gefordert; aber das heißt nun gerade nicht, daß die Christen eine Gemeinschaft von rückwärts orientierten Leuten sind, die sich gegen

die geschichtliche Entwicklung anstemmen. Dieses Mißverständnis ist zwar nicht selten, aber es ist ein Mißverständnis. Darauf komme ich noch zurück.
Wenn man sich fragt, wo denn aus christlicher Sicht das Asyl des zeitbekümmerten Menschen liegt, so lautet die überraschende Antwort: Es liegt nicht vor, über oder hinter der irdischen Geschichte, sondern mitten in ihr. Der Mensch, der im Wirbel seines Daseins einen Halt sucht, muß sich nicht aus der Geschichte hinausbegeben. Er darf in unserer Welt und in unserer Geschichte Ausschau halten nach dem, der das Janusgesicht der Zeit auf die Formel des Kreuzes gebracht hat. Und das ist, wenn man so sagen darf, der menschengestaltige und geschichtsförmige und verzeitlichte, in die Zeit eingegangene Gott, nämlich Jesus von Nazareth. Der Menschgewordene ist aus dieser Sicht der Inbegriff der Verständigung zwischen Zeit und Ewigkeit. In ihm ist das Bergend-Gründende in die Zeit eingegangen. Das Asyl des zeitbekümmerten Menschen hat sich gewissermaßen „eingezeitet", oder wie wir auch sagen können: er hat die Heilsqualität der Zeit zum Sieg geführt. Deshalb besteht die christliche Erlösung nicht darin, daß der Mensch aus der Geschichte herausgenommen wird, sondern daß Gott in die Geschichte eingetreten ist. Die weltförmige Erscheinung des Vaters ist der Sohn. Der christliche Gott greift nicht aus dem Jenseits unserer Geschichte herüber, um den zeitbekümmerten Menschen an seine Ufer hinüberzuziehen, sondern er wird Fleisch und setzt sich der Wahrheit der menschlichen Natur aus. Das ist ein ernster Hinweis darauf, daß wir die Zeit und die Geschichte nicht als einen Jahrmarkt der Eitelkeiten und als einen Mummenschanz abwerten dürfen. Offenbar war unsere Zeit und Geschichte dem Schöpfer so viel wert, daß er selbst in sie einging. Anstatt uns aus der Zeit zu befreien, hat er sie radikal angenommen und bejaht. Er hat die Geschichte nicht entwertet, sondern er ist selbst die höchste Potenz der Geschichte ge-

worden. Kein Wunder, daß von ihm her die Dinge in Bewegung geraten sind und daß nach seinem Kommen ein immer rascherer Prozeß der Vergeschichtlichung eingesetzt hat.

Erfüllte Zeit

Stellen wir uns einmal vor, statt des christlichen Messias wäre einer gekommen, der *von* der Geschichte hätte erlösen wollen. Was hätte er getan? Er hätte, entsprechend den vier Typen, von denen vorhin die Rede war, der Geschichte ein Ende gemacht, so wie er dem Sturm auf dem See Einhalt gebot. Oder er hätte sich zum Heerführer einer Evasion aus Zeit und Geschichte gemacht. Oder er hätte ein Rezept verschrieben für bessere Tage, eine detaillierte Marschroute und eine Programmatik zur Verwirklichung des irdischen Paradieses der Zukunft. Aber Jesus von Nazareth, der menschengestaltige und geschichtsförmige Gott, hat nichts von alledem getan. Manche glauben deshalb, er habe überhaupt nichts getan. Sonst hätte doch die Welt untergehen oder das Paradies hätte anbrechen müssen – auf jeden Fall hätte eine spürbare Wende zum Besseren eintreten müssen. Es ist auch für viele Theologen eine Kalamität, daß die sogenannte Naherwartung der Endzeit nicht recht hatte, daß also die Geschichte weiterging, als ob nichts geschehen wäre. Sie können mit der sogenannten Zwischenzeit nichts anfangen und reden rührenderweise davon, daß Gott eben bedächtig zuwartet, um dem Menschen noch eine Galgenfrist zu gewähren, bevor er mit dem Schwert seines Zornes dazwischenfährt. Aber all diese Ansichten gehen von einer falschen Erwartung aus. Sie nehmen an, die Erlösung hätte eine Erlösung *von* der Geschichte sein müssen. Aber stellen Sie sich einmal vor, mit dem Tod Christi am Kreuz hätte die Weltgeschichte geendet. Dann hätte er nur diejenigen erlöst, die vor ihm gelebt haben oder die zu seiner Zeit lebten. Die Erlösung wäre also nur rückwärts bezogen gewesen. Wenn die Naherwartung recht gehabt hätte, dann wären die Menschen aus der Zeit befreit worden. Aber die Geschichte ging weiter, in eine offene Zukunft hinein. Es ist eine Geschichte, die unter dem Zeichen des Kreuzes weitergeht, also eine erlöste Geschichte. Erlöst wurde nicht von der Zeit und von der Welt, sondern vom Fluch und von der Sünde. Erlösung heißt also: Befreiung in eine neue Geschichte hinein. Der christliche Erlöser war der exemplarische Mensch, der gezeigt hat, was Menschsein im Angesicht Gottes heißt, und der ermöglicht hat, es zu sein. Er hat nicht das Tor zugeschlagen, sondern er hat es geöffnet. Er ist der Weg – nicht aus der Zeit heraus, sondern in sie hinein. Er hat eine neue Dimension des Daseins eröffnet, die erst durchschritten, ausgemessen und auf dem Gefährt der Zeit er-fahren sein will. Man kann geradezu sagen: die Geschichte *mußte* nach ihm weitergehen, denn die Zeit der Gnade ist es um ihrer selbst willen wert, daß sie gelebt werde. Aber die Geschichte geht nicht weiter, damit eines Tages eine noch bessere Erlösung komme. Es gibt keinen Fortschritt über den Sohn hinaus. Viele sehen darin einen Widerspruch. Sie sagen: Entweder ist er der Absolute, dann hätte mit ihm das Ende kommen müssen; oder er ist es nicht, dann ist von der Geschichte noch einiges zu erwarten. Da aber die Geschichte weitergeht, gehen wir einer besseren Zukunft entgegen, einer besseren Kirche, einer besseren Religion. Aber das ist falsch. Er ist das absolute Ereignis – und gerade deshalb geht die Geschichte, die nun zu sich selbst gekommen ist, weiter. Denn er ist der Absolute in der Weise des Weges. Er hat nicht von der Geschichte erlöst, sondern *zur* Geschichte. Und er hat es in der Weise getan, daß man das Heil nicht von einer imaginären Zukunft erwarten muß, sondern daß es uns jederzeit nahe ist. Jede Stunde, jeder Augenblick ist eine Gelegenheit zum Vollzug von Ewigkeit, denn die Zeit ist nicht leer, sondern erfüllt.

GOTT

Kommt der christliche Glaube ohne Gott aus?
Gott der Hoffnung

Kommt der christliche Glaube ohne Gott aus?

Wenn ein Theologe sich zu diesem Thema äußert, dann scheint das eine bloß rhetorische Frage zu sein, die kein „Ja“ als Antwort zuläßt. Theologen sind schließlich eine Art berufsmäßiger Advokaten Gottes, die von ihrem Klienten leben. Sie können den Tod ihres Mandanten nicht wünschen. Was soll also die Frage, ob der christliche Glaube ohne Gott auskommt – gestellt von einem Theologen? Wenn ein Soziologe so fragen würde, wäre der Sinn dieser Frage noch eher verständlich, vielleicht, weil es gerade dann eine nur rhetorische Frage wäre. Der christliche Glaube oder die christliche Religion könnten demnach weiterexistieren und weiterfunktionieren, auch wenn seine Inhalte sich ändern und sein oberster Wert, „Gott“ genannt, als Illusion erkannt würden. Es gibt gute Gründe für die Annahme, daß „die Religion“ unausrottbar ist, weil sie zum Wesen des Menschen gehört, ebenso wie Musik oder Dichtung. Der Inhalt der Religion und ihr eigentümlicher Gegenstandsbereich wären dann eine zweite Frage, die sich, entsprechend den Zeitbedürfnissen, fast von selbst regeln würde, unter emsiger Adaptionstätigkeit der bestellten Religionsideologen, der Theologen, die kaum Schwierigkeiten zu haben scheinen, wenn es gilt, die Religion dem Zeitgeist anzugleichen. Was aber das „gläubige Volk“ betrifft, so scheint sein modernes, etwas schizophrenes Glaubensbekenntnis so zu lauten: daß es keinen Gott gibt und daß es sich empfiehlt, von Zeit zu Zeit zu ihm zu beten – womit wiederum der Tod Gottes und das ewige Leben der Religion in praxi miteinander vereinbart wären.

Aber so ist unsere Frage nicht gemeint. Es gibt zwar den Bereich äußerer Verhaltensformen auch auf dem Gebiet der Religion, aber es gibt überdies die Frage nach der eigentlichen Wirklichkeit des Glaubens, der im übrigen nicht unbedingt an die Spielregeln der „Religion“ gebunden zu sein scheint. Wie steht es um diese Wirklichkeit? Ich meine nicht für den Blick „von außen“, das heißt für den Blick von außerhalb des Glaubens – darauf mögen Naturwissenschaft, Philosophie, Soziologie und die übrigen Wissenschaften ihre Antwort geben –, sondern für den Blick „von innen“, das heißt für den Glaubenden selbst, der über die Wirklichkeit seines Glaubens nachdenkt. Gewiß, die Fragen kommen von außen. Aber die Antwort muß doch im Innenraum des Glaubens gesucht werden, weil nur dort das Gefragte wirklich sein kann.
Was die Fragen betrifft, die dem christlichen Glauben sich stellen: sie sind Legion. Aber sie konvergieren heute alle in der einen Frage, ob der Glaube nicht ins Leere geht, und das heißt: ob Gott ist. Die präsumptive, von überallher sich aufdrängende Antwort lautet: Nein. Gott ist tot. Man hat ihn getötet oder, falls man „Gott“ nicht für etwas hält, was man umbringen kann: es gab ihn nie. Unaufhörlich, wie die Kirchenglocken an Ostern, läutet es schon seit mindestens zweihundert Jahren in das moderne Bewußtsein hinein: Gott ist tot. Nietzsche hat dies als das größte neuere Ereignis bezeichnet. Er läßt den „tollen Menschen“ die Totenmesse für Gott zelebrieren, in Kirchen, die nur noch Grüfte und Grabmäler dieses Gottes sind. Der neuzeitliche Atheismus hat den Gottesglauben schwer erschüttert.
Hatte dieser Atheismus zunächst noch triumphierende und kämpferische Untertöne, so ist er inzwischen weithin zu einer nüchtern und sachlich praktizierten Angelegenheit geworden. Ein wenig Heimweh nach dem guten alten Gott mag da

und dort noch aufkommen. Aber es ist das Bedauern über einen Dahingegangenen und Verblichenen. Für die psychische Bewältigung des Daseins und für den seelischen und geistigen Haushalt vieler Menschen mag die Vorstellung eines Gottes noch Bedeutung haben. Aber im übrigen verfestigt sich die Überzeugung von der Irrelevanz Gottes. Unser „wissenschaftlich" genanntes Weltbild bedarf des Gottesbegriffes, der „Hypothese Gott", nicht mehr. Hilfe von oben erhofft nur noch, wer die Gesetze nicht durchschaut. Selbsthilfe und organisierter Fortschritt erscheinen als zuverlässigere Garanten einer erträglichen Zukunft als religiöse Praktiken. Pest, Hunger und Krieg waren früher Machtmittel des strafenden Gottes, der angefleht wurde, er möge die Dinge anders lenken. Aber ist das nicht einfach die Unvollendetheit eines noch in der Entwicklung begriffenen Universums, vermischt mit menschlicher Schuld und Dummheit? Hilf dir selbst, so hilft dir Gott – nun, die Menschheit ist dabei, sich zu helfen, in einer Weise, daß auch die Spötter nachdenklich werden. Der alte Gott verlangte stummes Dulden der verhängten Schicksale. Der frei gewordene Mensch nimmt sein Schicksal nun selbst planend und umsichtig gestaltend in die Hand. Daß die Ziele selbst konkreter und praktikabler werden, ist vielleicht kein Fehler. Besteht nicht das ganze Glück des Menschenlebens einfach darin, etwas zu leisten und geliebt zu sein? Kurz: die Hypothese „Gott" ist in der Welt, in der wir uns finden, eher hinderlich geworden.

Religion ohne Gott

Die erklärte Gottlosigkeit ist zwar keineswegs geschätzt. Gottlose Menschen, die die Stirn haben, das offen zu sagen, sind immer noch böse Menschen. Aber praktisches Gewicht hat der Name „Gott" fast nur noch in religiösen und anderen

Interessenverbänden, die den höchsten Wert und das Große Wesen zur leichteren Durchsetzung ihrer Ziele oder zur Erhaltung des status quo brauchen – abgesehen von der relativ geringen Zahl wirklich Frommer.

Alles in allem: die Verstandesargumente und die Unlustgefühle gegen das Dasein eines Gottes sind für den, der sich auf sie einläßt, von großem Gewicht. Der Glaube kann sein „Dennoch" sprechen. Es gibt immer das Phänomen der Hoffnung wider alle Hoffnung. Aber wozu und wofür? Wird es nicht immer mehr ein verzweifeltes und verbohrtes „Dennoch"? Also doch Religion ohne Gott? Religion als innerer Ausgleich, als Opiat, zur Befriedigung von Bedürfnissen vor allem in den Randgebieten und Grenzsituationen des Daseins – aber ohne den Gott, dessen Dasein die Vernunft und die Wissenschaften unwahrscheinlich gemacht haben und der sich auch praktisch nicht bewährt?

Nun müssen wir aber doch fragen: Ohne welchen Gott? Wer ist das eigentlich – Gott? Man muß sich wundern, wie jedermann zu wissen glaubt, wer oder was das ist. Auch der Atheist glaubt zu wissen, wen oder was er ablehnt. Die Antworten stimmen unter sich nur ungefähr überein, insofern sie eine allgemeine Richtung auf ein ziemlich unbestimmtes „höchstes Wesen" einhalten. Was könnte dieses höchste Wesen sein? Eine Art Superperson? Weiser Vollkommenheitsriese und oberster Ordnungschef des Weltalls? Großer Vater überm Sternenzelt? Oder wenigstens ein großartiger Name für Natur oder Humanität? Oder schließlich nur ein religiöses Deckwort für die Ansprüche, die man erhebt, indem man sagt: „Gott will, daß . . ."?

Der christliche Glaube würde sich dann dadurch auszeichnen, daß er dank der Offenbarung mehr und Besseres von diesem Gott weiß, dessen Tiefen erkundet, dessen Chaktereigenschaften erkannt sind und dessen Wesen offenbar ist. Es ist erschreckend, wie Leute über Gott Bescheid zu wissen vorgeben und wie man seinen Namen unnütz im Munde führt. Kein Wunder, daß die vom Aberglauben und auch vom christlichen Bescheidwissen angewiderte Menschheit die Sache mit Gott dadurch als erledigt betrachten möchte, daß sie von seinem Tod spricht. Vom Tod *dieses* Gottes wenigstens.

Eine gottlose Theologie?

Man hat in diesem Zusammenhang erwogen, ob der christliche Glaube nicht ohne Gott, das heißt ohne Gottesvorstellung und ohne ein Reden von Gott, möglich sein könnte. Es gibt in der heutigen Theologie, vor allem im deutschen und englischen Sprachraum, eine Richtung, die dieser Meinung ist. Sie vertritt offen den Tod Gottes. Diese Tod-Gottes-Theologie scheint die abstruseste und schamloseste Erfindung verdorbener Theologengehirne zu sein: eine gott-lose Theologie! Eine Theologie, die auf ihren Gott verzichtet, nur um selbst am Leben bleiben zu können?

Ich möchte kurz über diese Versuche berichten, ohne Namen zu nennen – ganz der Sache zugewandt und entschlossen, sie möglichst ernst zu nehmen und ihre guten und beachtenswerten Seiten herauszustellen. Bei der hier gebotenen Kürze kann das nur sehr bruchstückhaft geschehen. Es werden Fragen auftreten und Antworten nur angedeutet werden können. Das gilt vor allem für die Frage, wer eigentlich Jesus Christus gewesen ist und in welchem Sinn man von christlicher Offenbarung sprechen kann.

Man hat diese moderne atheistische Theologie eine typische Playboy-Theologie genannt, was in Einzelfällen stimmen mag. Eitelkeit und Ruhmsucht finden sich auch im Heiligtum. Aber eher sollte man diese theologische Richtung, ihrer Intention wegen, eine Shocking-Theologie nennen. Die Schockwirkung, die von ihr ausgeht, ist beachtlich – und be-

absichtigt. Auch wenn man den Anteil an Hochstapelei und Ahnungslosigkeit abzieht, bleibt ein ernst zu nehmender Rest, der Zukunft haben könnte. Ich glaube also nicht, daß es sich bei der Tod-Gottes-Theologie nur um eine modische und vorübergehende Erscheinung handelt. Modisch sind nur die grellen Farben, die verwendet werden. Aber gerade diese sind geeignet, deutlich zu machen, daß der christliche Glaube sich in einer gewandelten Welt radikal und neu darauf besinnen muß, was er ist und mit wem er es zu tun hat.
Es handelt sich nicht nur darum, daß die Theologie zu einer anderen Sprache finden muß, um das Alte neu zu sagen. Sonst würde es sich nur um eine Art neuer Verkaufstechnik für alte Ladenhüter handeln. Es ist nicht nur ein Sprach-, sondern ein Wirklichkeitsproblem, das hier aufgebrochen ist. Demnach hat der Auflösungsprozeß, von dem das Christentum betroffen ist, seinen tiefsten Grund darin, daß die Wirklichkeit, von der das Christentum herkommt und auf die es sich ständig bezieht, fragwürdig geworden ist.

Eine schwierige Frage

Diese Wirklichkeit, Gott genannt, kann verschieden interpetiert werden. Herkömmlich wurde sie „theistisch“ interpretiert. Das heißt: das Geschehen, von dem zum Beispiel die Bibel berichtet, wurde von der Annahme her erklärt, daß es ein selbständig seiendes höchstes Wesen gibt, eine jenseitige Supermacht und Gotthypostase, die irgendwo existiert und von da aus in den Weltlauf eingreift. Man hat dieser Supermacht große Eigenschaften zugeschrieben, vor allem die, die Weltgeschichte zu lenken und mit Wundern in sie einzugreifen.
Ob es die Wirklichkeit, die gemeint war, wenn von „Gott“ die Rede war, an sich gibt, ist eine Frage für sich. Aber daß

zum Beispiel das Volk der Bibel es ständig mit einer Wirklichkeit zu tun hatte, die man „Gott" nannte – irgendwie mußte man sie ja benennen –, kann nicht bestritten werden. Die Frage lautet also: Was war das, wovon der biblische Mensch betroffen war? Was war jene Größe, die er „Gott" nannte und über die er so viel Großes und Schönes, aber auch Schreckliches und Grausames zu berichten wußte? Ist aus unserer heutigen Sicht der Dinge das alles unwahrscheinlich geworden und so bedeutungsvoll und bedeutungslos wie Mythen und Märchen? Hat man dieser Wirklichkeit damals eine inzwischen überholte Auslegung gegeben? Wie wäre es, wenn man sie nicht mehr „theistisch", sondern „untheistisch" oder „a-theistisch" interpretierte? Fiele in diesem Falle mit dem Namen auch die Sache dahin? Was soll man sich unter einer un-theistischen Auslegung dessen vorstellen, wovon die Bibel berichtet? Ist das nicht ein verheerendes Spiel mit einem Feuer, das die letzten Werte des Menschen vernichten kann, alle großen religiösen Traditionen?

Gehen wir der Reihe nach vor. Man hat gelernt, zu unterscheiden zwischen dem Zustand des Betroffenseins durch eine unbekannte, vielleicht eingebildete Größe X einerseits; diesen Zustand gibt es unbestritten (nämlich in dem, was die Bibel „Glauben" nennt). Abraham ist der Typus eines solchen Betroffenen. Und auf der anderen Seite gibt es die Frage nach dem Woher dieses Betroffenseins, also nach der Wirklichkeit des mich Treffenden und Betroffen-Machenden, von der ungewiß ist, was sie in sich und an sich ist.

Man kann sich auf die eine Seite dieser Unterscheidung zurückziehen und sagen: gut, reden wir von diesem Zustand des Betroffenseins. Reden wir vom Menschen und seinen Zuständlichkeiten. Dann ist die Rede von Gott nur Ausdruck unseres Selbstverständnisses und der Gottesgedanke ein mythologisches Behelfsmittel zur Selbstauslegung des Menschen. Es bleibt als einzige und letzte Realität dann der

Mensch, dessen Wesen sich ins Undefinierbare hinein verliert. Die Welt der religiösen Vorstellungen wäre dann nur Projektion: Ausdruck menschlichen Hoffens und Wünschens und Fürchtens. Hat der Mensch der Religion, wie Feuerbach und Nietzsche wollen, sein eigenes Wesen gleichsam in zwei Sphären auseinandergelegt, in eine sehr erbärmliche und schwache und diesseitige, „Mensch" genannt, und eine sehr starke und erstaunliche und jenseitige, „Gott" genannt? Und besteht der Fortschritt nicht darin, diese Spaltung und Entfremdung zu überwinden und die Religion aufzuheben, indem man die beiden Seiten wieder zusammenbringt und dem Menschen sein eigentliches Wesen wieder gibt? Die Theologie wäre dann verkappte Anthropologie, die von Gott redet, aber den Menschen meint, nur leider ohne es zu wissen.

Die Theologie war, als diese Möglichkeit zum ersten Mal auftauchte, von Entsetzen gelähmt. Sie ist jetzt dabei, in zögernden Schritten jenes Neuland zu betreten, in welchem Gott am Horizont entschwindet, der Mensch aber eine ungeahnte Tiefe und Größe und Zukunftsmächtigkeit gewinnt. Das Erstaunliche ist dabei, daß bei dieser Umschichtung und Umstrukturierung kein radikaler Bruch mit der Vergangenheit sich ergibt, sondern daß die Zeugnisse der Tradition, wie mit dem Zauberstab berührt, in einem neuen Licht erscheinen. Sagt nicht gerade die biblische Überlieferung, daß das, was man „Gott" nannte, das eigentliche Wesen des Menschen ist und daß in die Definition des Menschen Gott hineingehört? Daß der Mensch nur dann wahrhaft bei sich und im Heil ist, wenn er in dem ist, was herkömmlich „Gott" heißt?

Aber was ist das, was auf neue Weise für den Menschen entdeckt und gleichsam requiriert wird? Ist es Hybris des Menschen, der sein will wie Gott? Ist es Nihilismus, der das Höchste in ein menschliches Nichts herabzieht?

Vom Menschen reden?

Auch hier gehen die groben und raschen Alternativen fehl. Man muß sorgsam unterscheiden und auf schmaler Schneide sich bewegen lernen. Wenn wir die Bibel fragen, wer dieser Gott sei, von dem sie so Widersprüchliches berichtet, dann stoßen wir auf einen merkwürdigen Sachverhalt. Sie gibt eine sehr verhaltene Antwort. Sie verbietet, daß man sich von Gott ein „Bild“ mache. Das ist nicht nur ein Verbot an die bildenden Künste, sondern auch an das Denken und Vorstellen. Es ist demnach nicht Sache des Menschen (und gerade des Menschen, der es mit der Gottesoffenbarung zu tun hat), diese letzte, ihn bestimmende Wirklichkeit in Bild-Vorstellungen und Ein-Bildungen festzulegen. Die Größe, die das Buch der Offenbarung „Gott“ nennt, ist unvorstellbar, unsichtbar, unanschaulich. Sie wohnt im unzugänglichen Licht. Ihr Name lautet, übersetzt, „Ich bin da, wo ich da sein werde“ – was nicht sehr erhellend ist, eher ein Sich-Vorbehalten als ein Sich-Kundtun. Die vielen Versuche, die wir kennen, ein überschaubares und eindeutiges Gottesbild zu gestalten, finden in der biblischen Offenbarung Widerspruch.
Andererseits bezeugt gerade die Bibel von Anfang bis Ende den lebendigen, wirkmächtigen Gott. Sie verkündet seine „Großtaten“, ohne ihn zu kennen. Sie lernt an diesen Wirkungen auch ihn kennen, muß ihr Wissen und ihre Schlußfolgerungen aber immer wieder korrigieren. Auch ist lange Zeit unklar, was nun eigentlich Wirkung dieses Gottes und was Effekt menschlichen Tuns ist. Der Sammelname für das von diesem Gott her zu Erwartende lautet: das Heil. Aber was das sei, ist lange Zeit fraglich. Antworten finden sich und werden verworfen. Was bleibt, ist die Einsicht, daß da ein mich Bestimmendes ist, von dem mir der Sinn und die Wahrheit und das Leben zukommt. Es ist also von meinem *Heil* die Rede, *meinem* Heil, das ich als Aufgabe und als Geschenk ergreife.

Es ist weniger davon die Rede, was dieser Gott an sich und in sich sei, als was ich unter seiner Bestimmung bin.
„Gott“ ist also einmal der Titel unserer letzten Entscheidungen und Bindungen, insofern wir sie als unsere Bestimmung ergreifen. Er ist für mich sodann wirklich, nicht indem ich über ihn rede oder ihn vorstellend in den Weltraum hinausprojiziere, sondern indem ich mich entscheide und binde. Wie die Liebe nur ist, indem ich liebe oder geliebt werde (da sie eine Bestimmtheit des Lebens selbst ist), so auch das, was die Bibel „Gott“ nennt. Indem ich also in einer letzten Entscheidung und Bindung die Wahrheit meines Lebens ergreife, erfahre ich mich nicht nur als betroffen und bestimmt, sondern gelange in die Wirklichkeit des mich Treffenden und Bestimmenden, die man herkömmlich „Gott“ nennt. Man könnte sie anders nennen. Namen tun hier nichts zur Sache.
Daß diese Entscheidung nicht sich selbst zum Thema hat, sondern nur in anderen Vollzügen möglich ist, sei nur nebenbei bemerkt. So bin ich nach dem Neuen Testament nur dann in der Liebe und in Gott, indem ich den Nächsten liebe. Es wird sich auch gleich noch zeigen, daß es nicht einfach um Dezisionismus geht, um eine Apotheose der Entscheidung um des Entscheidens willen oder um bloße „Gläubigkeit“, der es gleichgültig ist, was sie glaubt. Wichtig ist, zu sehen, daß bei alledem nicht von einem An-sich-Sein Gottes die Rede ist, sondern von den Bedingungen des Heils des Menschen. Aus diesem Grunde heißt von Gott reden vom Menschen reden. Es ist aber, was dabei geschieht, nicht einfach bloß Selbstauslegung, sondern Begegnungsauslegung, da dieses mich Bestimmende nur in der Intersubjektivität für mich wirklich ist.

Das alles ist nun sehr formal und abstrakt gesprochen und ziemlich kompliziert. Einfacher wird die Sache, wenn man mit den neuen Fragen und Interpretationsmöglichkeiten sich den Offenbarungsurkunden zuwendet. Dort wird vorgelebt und durchexerziert, was es heißt zu glauben. Der biblische Mensch lernt sehr langsam und mühsam und in Umwegen den Umgang mit dem, was ihn letztlich bestimmt. Er lernt, was es heißt zu glauben. Der biblische Glaubensbegriff hat im Kern nichts mit Wahrscheinlichkeitsrechnung und Fürwahrhalten oder mit Überzeugungsfanatismus zu tun, sondern er bezeichnet die Weise, wie der Mensch in die Wahrheit seines Lebens gelangt. Worin diese bestehe, wird ziemlich klar gesagt, oder richtiger: gezeigt. Ich komme gleich darauf zurück.
Zunächst möchte ich darauf hinweisen, daß nach dem bisher Gesagten nicht nur unsere Gottesvorstellungen, sondern vor allem der Offenbarungsbegriff einer Überprüfung bedarf. Offenbarung besagt, daß „etwas" offenbar wird. Was wird offenbar? Nicht Gott. Sondern die Wahrheit des Menschen, gemäß dem Ratschluß dessen, von dem her diese Wahrheit uns gegeben und aufgegeben ist. Diese Offenbarung führt also weniger zu einem Bescheidwissen über ein anderes als vielmehr zum Verstehen meiner selbst. Und auch das geschieht nicht in einer Art theoretischer Belehrung und Ausweitung des Sachwissens, sondern im konkreten Vollzug. Der Glaube ergreift die Wahrheit des Lebens und wagt es, ihr zu trauen. Die Heilige Schrift nennt diese Wahrheit des Lebens „Gott". Doch das ist nur halb richtig. Im Neuen Testament, auf dem Höhepunkt des biblischen Offenbarungsgeschehens also, wird gesagt, daß ein *Mensch* diese Wahrheit sei, nämlich Jesus von Nazareth. Richtiger müßte man sagen, daß in ihm, in der Weise, wie er gelebt hat, im Vollzug seiner Existenz,

diese Wahrheit ins Licht getreten und offenbar geworden sei. Hier wird vollends deutlich, worum es geht: nicht um Aufklärung über Gott, sondern um die Wahrheit des Menschen. Diese ist und lebt Jesus. Nach dem Neuen Testament wird das unter anderem so ausgedrückt, daß gesagt wird: er offenbart, daß er der Offenbarer sei. Auch das ist eine Aussage, die sich so lange gegen das Begreifen sperrt, bis deutlich wird, daß es um die Wahrheit geht, die in seiner Person und seinem Leben und Schicksal liegt.

Die Existenzform Jesu

Man wird also sagen müssen: das spezifisch Christliche bei den Christen besteht darin, zur Existenzform Jesu zu finden. Nicht zu Gott und nicht eigentlich zu Jesus, sondern zu seiner Existenzform. Das ist der Sinn von Nachfolge. Es handelt sich, pointiert ausgedrückt, nicht um das Bekenntnis zu ihm, sondern um das Sein und Bleiben in ihm. Beide brauchen sich nicht auszuschließen. Aber es geht nicht um Personenkult und nicht um die Fetischierung von Namen, sondern um die Wahrheit, die konkret ist. In diesem Falle geht es darum, an der Existenzform Jesu abzulesen, welches die letzte, das Menschenleben bestimmende Wirklichkeit sei und wie man sich zu ihr verhalte. Dazu wäre viel zu sagen. Abkürzend vielleicht so viel: Jesus nennt die letzte, ihn betreffende Wirklichkeit, die ihn unbedingt angeht, „Abba, Vater". In dessen Hände empfiehlt er seinen Geist. Aus dieser persönlichen, vertrauenden Bindung gewinnt er „sein Leben".

Wenn man die Struktur dieser Existenzform untersucht, so fällt auf, daß hier etwas durchaus Unspezifisches geschieht. Es ist überraschend neu, wenn man es zum ersten Mal sieht, aber man kommt zu dem Schluß, daß es nicht anders sein kann, wenn man es einmal kennt. Es wird dort nämlich gezeigt, was sozusagen das Grundgesetz unseres Daseins ist, nicht theoretisch, sondern im Vollzug, und in einem Vollzug, der befreiende Möglichkeiten eröffnet. Es ist ein Dasein, das sich verdankt weiß, nicht nur im ersten Ursprung, sondern im ganzen Aufbau des Lebens, also Existenz im Empfang. Seine „Speise" ist es, den Willen dessen zu tun, den er Vater nennt. Und es ist ein Dasein, das vom Tod her gezeichnet ist, einem Sich-aufgeben-Müssen und einem Sich-aufgeben-Dürfen, was zum Element der Hingabe führt, die auch nicht nur das Ende beherrscht.

Man kann Geburt und Tod als sinnloses Spiel der Natur, als blinde Zufallsverfügung betrachten. Dafür spricht weiß Gott viel. Man kann es als Los des Menschen ansehen, erst zum Dasein und dann, ein zweites Mal, zum Tode verdammt zu sein. Fragt sich nur, wie man das Spiel mitspielt und was man daraus macht. Eine Möglichkeit und ein Modell wird hier angeboten. Wer diese Möglichkeit glaubend ergreift, darf darauf vertrauen, in Übereinstimmung mit unserer Bestimmung zu leben, und kann dieses uns Bestimmende, das so vielfältig interpretiert werden kann, „Gott" und „Vater" nennen. Das ist wenig und doch viel – eigentlich alles.

Kommt also der christliche Glaube ohne Gott aus? Ich sage nicht ja und nicht nein, sondern frage Sie zuerst: Was meinen Sie, wenn Sie „Gott" sagen?

Gott der Hoffnung

Es ist heutzutage üblich, das Wort *Gott* absolut zu verwenden. Wir sind so sehr daran gewöhnt, daß wir diesen Sprachgebrauch als selbstverständlich ansehen. Man ist anscheinend überzeugt, daß das Wort *Gott* allein für sich genommen genug sagt und keiner weiteren Beifügung und Erläuterung bedarf. In der Antike war das anders. Dort wurde der jeweils gemeinte Gott eigens benannt. In polytheistischen Religionen mit ihrer Vielzahl verschiedener Götter erscheint das als sinnvoll und notwendig, während es im Monotheismus überflüssig zu sein scheint.

Merkwürdige Genitive

In der Heiligen Schrift stößt man nun aber auf einen Sprachgebrauch, der unserem heutigen kaum entspricht. Da ist ganz selten einfach nur von *Gott* die Rede. Obwohl die meisten Texte der Heiligen Schrift im Gottesdienst Verwendung fanden und obwohl es Texte von Leuten und für Leute waren, die der gemeinsame Glaube an den einen und einzigen Gott miteinander verband, hielt man es für nötig, das Wort *Gott* mit erläuternden Beifügungen zu versehen. Es bestand offenbar das Bedürfnis, sich jeweils über das mit *Gott* Gemeinte eigens zu verständigen. Das geschah in verschiedener Weise und aus verschiedenen Gründen. Die Beifügungen dienten zur Identifizierung des gemeinten Gottes, so wenn vom *Gott*

Abrahams, vom *Gott Israels,* vom *Gott der Väter* die Rede war. In diesem Sinne suchte Pascal den *Gott Abrahams, Isaaks und Jakobs* vom *Gott der Philosophen* zu unterscheiden. Andere Beifügungen wollten Wesenseigenschaften oder die Seins- und Wirkweise Gottes verdeutlichen, etwa wenn er *Gott der Heilige, Gott der Allmächtige, Gott der Erhabene, der Höchste, der Starke und Treue, der Große und Schreckliche* genannt wird. Eine weitere Gruppe von Hinzufügungen dient dazu, die Bedeutsamkeit Gottes für konkrete Bereiche, Situationen und Sachverhalte herauszustellen oder die konkrete Erstreckung des Gottseins auszusagen, so wenn er der *Gott des Himmels,* der *Gott der Zeiten,* der *Gott der Götter,* der *Gott des Erbarmens,* der *Gnade,* des *Gerichts,* der *Herrlichkeit,* der *Wahrheit,* der *Geduld und des Trostes,* des *Friedens und der Liebe* genannt oder als *Gott meines Lebens, Gott meines Herzens, Gott meines Heiles* angerufen wird.
Es liegt ganz in der Linie solchen Denkens und Sprechens, wenn der Apostel Paulus seinerseits vom *Gott der Hoffnung* (Röm 15, 13) spricht. Es fällt aber auf, mit welchem Nachdruck er dies tut und wie sich hier seine Sprache geradezu zu einem festlich gestimmten Segenswunsch aufschwingt. Man spürt, daß er das christliche Leben mit besonderer innerer Beteiligung als ein Leben in Hoffnung, aus Hoffnung und auf Hoffnung hin bestimmt, und zwar in Relation zum *Gott der Hoffnung.*
Abgesehen von einigen neueren Versuchen im Zusammenhang mit der sogenannten *Theologie der Hoffnung,* versteht man das christliche Dasein nicht in erster Linie von der Hoffnung her. Sie wurde gegenüber anderen Wirklichkeiten und Haltungen eher an den Rand gedrängt. In der kirchlichen Verkündigung und Praxis ist sie vorwiegend für Grenzsituationen vorgesehen, für das Sterbelager und für Grabreden. In der Form tröstlichen Zuspruchs soll sie über das Schlimmste hinweghelfen. Sie hat fast die Funktion eines Psychopharma-

kons. Aufs Ganze gesehen, gelten die Christen nicht so sehr als Hoffende, sondern vielmehr als Glaubende oder Gläubige. So beschreibt sie auch der Katechismus. Oder es wird die Liebe, die Bruderliebe und die Gottesliebe, in den Mittelpunkt gestellt. Ein Glaubender ohne Liebe wird vom Apostel eine klingende Schelle genannt. Daß das Christsein von Grund auf von der Hoffnung bestimmt sein soll, liegt uns viel ferner.

In der Anfangszeit dachte man darüber anders. Zwar kennt das Neue Testament neben dem hohen Lied der Liebe auch ein solches des Glaubens. Aber zum Unterschied von sich selbst nannte man die Nichtchristen Leute, „die keine Hoffnung haben“ (Eph 2, 12; 1 Thess 4, 13). Sich selbst verstehen die Christen als Hoffende, die „auf Hoffnung hin“ gerettet sind und „sich der Hoffnung erfreuen“ (Röm 8, 24; 12, 12). Wenn sie Rechenschaft geben über sich selbst, dann stehen sie Rede und Antwort über den Grund und den Sinn der Hoffnung, die in ihnen ist (1 Petr 3, 15). Das Glaubensbekenntnis ist ein „Bekenntnis der Hoffnung“ (Hebr 10, 23). Man sieht: die Hoffnung steht im Mittelpunkt, und nicht nur im Mittelpunkt des Sterbens, sondern im Zentrum des Lebens. Schließlich kommt es zu der Wortfügung *Gott der Hoffnung* zur Kennzeichnung des Gottes der Christen. *Gott des Glaubens* und *Gott der Liebe* wird er in dieser Prägnanz nie genannt.

Als ob die andern keine Hoffnung hätten

Daß die Christen Menschen einer besonderen Hoffnung sind und daß sie begründet Hoffende sein dürfen, ist von der Botschaft des Neuen Testaments her verständlich. Aber sind die übrigen Menschen deswegen ohne Hoffnung? Ist es nicht so, daß jeder Mensch hofft, solange er lebt? Und noch am Grabe pflanzt er die Hoffnung auf. Am Anfang, in der Jugend, ist das Menschenleben eine einzige Verheißung. Die Jugend erscheint als die verkörperte Hoffnung, wenigstens aus der Sicht des Älteren, aber auch nach Disposition des Lebens. Mit geschwellten Segeln fährt der jugendliche Mensch hinaus, sich seine Hoffnungen zu erfüllen. Früher oder später kehrt er zurück, vielleicht mit gebrochenem Mast, mit kleinerem Feuer und bescheideneren Hoffnungen. Aber das Hoffen hört nicht auf, solange das Leben pulst. Es ist vielleicht weniger stürmisch; die Erfüllungen werden weniger gewiß. Man erfährt, wie hart und unfair das Leben ist, wie es nach Belieben hier erfüllt und dort versagt. Wie wenig der Mensch die Erfüllung in der Hand hat und wie dankbar er sein muß, wenn sie gewährt wird. Geringer wird die Hoffnung kaum. Sie wird vielleicht vorsichtiger und realistischer. Oder das Gegenteil tritt ein: daß sie verzweifelter und drängender wird, eine Hoffnung gegen jede Hoffnung und gegen jeden Verstand. Diese Hoffnungen richten sich vor allem auf die elementaren Dinge des Lebens, besonders dann, wenn sie gefährdet sind: auf Gesundheit. Auf das tägliche Brot und ein hinreichendes Auskommen. Hoffnung auf den Frieden in der Welt, auf das Gedeihen der Kinder, auf ein erträgliches Alter, auf einen guten Tod. Und dann die Obertöne der Hoffnung, die einer besseren Zukunft insgesamt, dem Fortschritt in übergreifenden Bereichen, gelten. Hoffnung scheint nicht nur ein Grundzug des menschlichen Bewußtseins, sondern eine Grundbestimmung und ein Prinzip der objektiven Wirklichkeit insgesamt zu sein.

Man muß sich fragen, ob der Apostel richtig sieht, wenn er den Nichtchristen die Hoffnung abspricht. Hat er hier phänomenologische oder theologische Sachverhalte im Auge? Meint er, die Hoffnung, die jeder Mensch haben kann und hat, sei theologisch bedeutungslos? Oder hat er tatsächlich mit Menschen zu tun gehabt, die ohne Hoffnung dahinvegetierten, dumpf und ohne Blick nach vorne und nach oben? Hat er vielleicht in einer Zeit geschrieben, die sich global als hoffnungslos verstand? Es gibt zweifellos epidemieartige Anfälle von Hoffnungsschwäche im großen Stil. Hätte er angesichts eines solchen Befundes von Hoffnungsschwäche sich als Künder und die Christen als Kinder der Hoffnung verstehen müssen? Soweit wir die heidnische Antike kennen, war sie nicht durch besondere Hoffnungslosigkeit gekennzeichnet. Zwar wußte sie, daß Hoffen und Harren manchen zum Narren macht. Die Hoffnung galt als ein zweifelhaftes Geschenk aus der Büchse der Pandora und der *Gott der Hoffnung* als ein schlimmer und trügerischer Gott. Aber Nüchternheit gegenüber trügerischen Vorspiegelungen ist noch lange kein Index der Hoffnungslosigkeit. Oder wollte der Apostel jede Art von Hoffnung, die „die anderen“ haben, als sinnlos und nichtig betrachten? Galten ihm die „nur“ menschlichen Hoffnungen, auch die großen, deren der antike Mensch in reichem Maße fähig war, als unbegründetes Wunschdenken, das ins Leere geht? Das kann man kaum annehmen. Es muß einer den Dingen dieser Welt schon sehr entrückt sein, wenn er alle sogenannten irdischen Hoffnungen als belanglos und unbegründet ansieht und im übrigen die Augen davor verschließt, daß gerade aus christlicher Sicht Gott der Geber aller guten Gaben ist, auch der Gabe der Hoffnung, die dem Leben Spannung und Antrieb gibt. Oder wollte er dem trügerischen *Gott Hoffnung,* der das Leben haltlos aufschäumen läßt, den *Gott der Hoffnung,* der treu ist in seinen Verheißungen, gegenüberstellen? Wollte er den von unten aufsteigenden, vom Elend erpreßten Wunschbildern und Hoffnungsträumen die von oben kommende und durch den Erlöser begründete Hoffnung entgegensetzen?

Es spricht manches dafür, daß Paulus so dachte. Vielleicht hat er, dieser unbedingte Mensch und heilige Eiferer, der in der unmittelbaren Endzeiterwartung stand, in der das Irdische fast belanglos wird, auch etwas übertrieben. Haben nicht die nachfolgenden Jahrhunderte christlichen Denkens und Hoffens, auch aus enttäuschter Endzeiterwartung heraus, eine stille Korrektur vorgenommen, derart, daß die alten und doch so lebensnotwendigen „irdischen“ Hoffnungen eine stille Legitimierung erfuhren und die Christen fortan Menschen waren, die mehr und bessere und weitergehende Hoffnungen haben dürfen als die übrigen? Nicht so grob, als ob es den Christen gut und den anderen schlecht gehen müsse, wohl aber so, daß der Ungläubige letztlich hoffnungslos verloren ist, während die Hoffnungen der Christen in Ewigkeit nicht zuschanden werden, und zwar die irdischen und erst recht die himmlischen Hoffnungen? Die christliche Hoffnung würde, da die Gnade die Natur nicht zerstört, sondern aufnimmt und vollendet, ein Plus in intensiver wie extensiver Hinsicht bedeuten. Hoffnung auf ein gesundes, langes Leben zuerst, dazu aber noch die Hoffnung auf ewiges Leben. Hoffnung nicht nur auf das Brot der Erde, sondern zusätzlich auf das Brot der Engel. Nicht nur ein guter, sondern ein seliger Tod mit den Tröstungen der Kirche. Eine Art stillschweigender Korrektur also in der Richtung, daß sich der Christ von den anderen dadurch unterscheidet, daß er nicht nur mehr Grund zur Hoffnung, sondern mehr Hoffnungen hat und haben darf?

Götter der Hoffnung

Wenn sich die Dinge so arrangieren ließen, wäre es nicht übel. Aber dagegen, gegen das Zerrbild der Hoffnungslosigkeit bei den anderen wie gegen das wohltemperierte Hoffnungspantheon der Christen als begünstigten Bürgern zweier Welten spricht nicht wenig. Man kann zum Beispiel auf die neu ins Bewußtsein getretene Hoffnungsstruktur einer evolutiven Welt verweisen, auf die reale und ideelle Mächtigkeit des

Prinzips Hoffnung, auf die von Hoffnung getragenen und im Hoffen sich sammelnden Energien zur Änderung der Verhältnisse und zur Humanisierung der Welt. Dann können die Hoffnungen der Christen leicht als solche erscheinen, die vertrösten; die der anderen aber als solche, die den Umbruchprozeß in Richtung auf eine bessere Welt vorantreiben. Und wer die säkularen Eschatologien und die in eine diesseitige Zukunft hereingeholten Heilsutopien für eine besonders blendende Erfindung des *Gottes Hoffnung* hält, kann umgekehrt auf das Kreuz und auf das, was die Theologie des Kreuzes einschließt, verweisen, von woher der ganze wohlgeordnete Hoffnungskosmos, auch der christliche, ins Wanken gerät. Im Bereich der unmittelbar existentiellen Erfahrung gibt es dafür eine Entsprechung, die nachdenklich macht. Man kann erleben, wie ein Mensch, ein Christ, der seine Hoffnungen geordnet und gepflegt und gelebt hatte, bei dem sozusagen alles seine Richtigkeit hatte und der gefaßt und freudig den ewigen Verheißungen entgegenzugehen in Gedanken oftmals sich angeschickt hatte – wie dieser Mensch, wenn eines Tages die Zerstörung und die Kälte und die Angst und der Tod nahen, mitsamt seiner Hoffnungsharmonie zerbricht. Dann fällt, wenigstens für das Bewußtsein und die Beobachtung, alles ab, die ganzen irdischen und ewigen Hoffnungen, und übrig bleibt ein brechendes Auge, in dem die schönen Hoffnungen umrißlos verschwimmen. Der *Gott Hoffnung* und seine Geschöpfe schleichen sich davon. Was übrig bleibt, ist vielleicht ein letztes, blind und stumm gewordenes, schmerzliches Hoffen ohne jeden sagbaren Inhalt. Man kann das alles als biologisches oder psychologisches Problem betrachten. Aber wenn man darauf verzichtet, diesen Vorgang als einen der Verantwortung entgleitenden simplen biologischen Kräfteverfall zu betrachten oder als Demaskierung von Scheinchristentum in letzter Stunde; wenn man bereit ist, in diesem Vorgang nicht nur etwas menschlich

Verständliches, sondern etwas christlich Wesentliches und theologisch Bedeutsames zu erblicken, in Verbindung mit der Weise, wie Jesus starb, vor allem im Blick auf seinen Schrei der Gottverlassenheit, dann mahnt gerade diese Erfahrung zur Vorsicht in der schließlichen Bestimmung dessen, was christliche Hoffnung sein kann. Fast möchte man sagen: in einem letzten, schmerzhaften Vorgehen entthront der *Gott der Hoffnung* die *Götter der Hoffnung,* jene ausgedachten und anschaulichen Gestalten und Figuren, die uns ein Leben lang vorschweben und voranlocken, und fängt an, an ihre Stelle zu treten. *Spes purissima in Deum purissimum* nannte Luther dies, pure Hoffnung auf den puren Gott.

Spes purissima

Der *Gott der Hoffnung,* gar noch der *pure Gott der Hoffnung,* was ist das? Einen Moment lang könnte man nun doch versucht sein, allen Ernstes anstatt vom *Deus spei* vom *Deus spes* zu sprechen, von dieser abgründigen, göttlichen Macht, die das Hoffen und das Hoffenkönnen selbst ist. Zu solcher Vergottung lädt das zeitgenössische Denken in hohem Maße ein. Auch von ihm werden die Götter der Hoffnung als spielende Kobolde durchschaut; der Blick geht durch das, was an Hoffnungsgehalten bis jetzt ausgedacht ist, hindurch auf das noch nicht Gewußte, noch nicht Denkbare des Gottes Hoffnung selbst. Aber die biblische Wendung mit ihrem Genitiv gibt der Hoffnung einen Schöpfer und Herrn. *Gott der Hoffnung* – diese Wendung sagt etwas über Gott aus und etwas über die Hoffnung. Dieser, der den Genitiv beherrscht, ist Ursprung von Hoffnung, Grund von Hoffnung, Ziel von Hoffnung. Nicht die Hoffnung ist der Gott. Die Hoffnung hat ihr Kriterium. Hoffnung kann viele Gestalten haben, und sie hat viele Dimensionen. In *einer* Hinsicht, dort nämlich, wo sie auf ihr Letztes, ihre unbedingte Wahrheit und Mächtigkeit hin angeschaut wird, tritt ihre Dominante selbst ins Spiel.

Noch einmal müssen wir fragen: wen oder was darf man hier *Gott* nennen? Nicht die Hoffnung, sondern ihren Grund und Abgrund. Wenn der Sterbende seinen letzten Hoffnungsfunken auf Gott richtet – wohin geht dieses Hoffen? Auf eine mächtige Himmelsperson, daß sie mir gut gesonnen sei, wenn ich drüben ankomme? Anscheinend und vielfach ja. Aber kaum daß die Hoffnungsgötzen zerbrochen sind und die Hoffnung selbst in ihr Letztes, Gott, kommt, wird sie wie blind und leer. Was wissen wir von Gott? Für den biblischen Menschen steht für das Letzte an Wirklichkeit, an Sinn, an Geltung das Wort *Gott.* Ihn, den diese Vokabel meint, hat keiner je gesehen. Da ist also ein Letztes der Hoffnung, unanschaulich, unverfügbar. In diesem liegt das Letzte an Menschenmöglichem, das im Unausdenkbaren Gottes liegt. Wo der unfaßliche Gott solcherart die bekannten Götter, die sichtbaren Hoffnungsgestalten und Hoffnungsgüter ablöst, muß der Mensch erfahren, daß er *homo absconditus* ist, nicht mehr wissend, was er hoffen soll, außer dem Letzten.

Diese eine Hoffnung erlöst geradezu von den vielen Hoffnungen. Es ist eine offene Hoffnung, weil sie die Wunschbilder, die nicht standhalten können, entfernt und unwesentlich macht. Aber wo Offenheit ist, ist Aussicht. Indem die Hoffnung das Letzte ihrer selbst ergreift, tritt das abgründig Offene des menschlichen Lebens, das sich in diesem Dasein ständig verführerisch als *zukünftig* darstellt, in seine ewige Bestimmung ein. Der *Gott der Hoffnung* ist kein *Gott der Hoffnungen.* Er ist nicht der ins Göttliche hinaufgesteigerte Erfüller aller Wünsche. Der Apostel begründet diese Hoffnung nicht mit der Macht der Zukunft, mit Hoffnung als Seinsbeschaffenheit, sondern mit einem Ereignis der Vergangenheit, nämlich mit dem, was Jesus, dem Gekreuzigten und

Auferweckten, widerfahren ist. Unser Denken und Vorstellen vermag aber dem Weg Jesu nur bis ans Kreuz und ins Grab zu folgen. Das Weitere ist unanschaulich. Die Auferweckung liegt nicht im Kontinuum des irdischen Daseins. Sie ist nicht Korrektur einer Panne durch Wiederbelebung eines Toten. Wenn sie aber jenseits der Todeslinie liegt, jenseits eines Sterbens, von dem keiner erlöst und befreit ist, wie soll dann die letzte Hoffnung auf Sichtbares und auf Diesseitiges sich richten können?
Es ist heute, angesichts des Gottes ‚Hoffnung' und seiner Propheten, fast in Verruf gekommen, die christliche Hoffnung so zu artikulieren. Man nennt das Jenseitstrost und eine Sorge von Heilsindividualisten. Ich glaube zwar nicht, daß die Christen das Arbeiten und das Hoffen in dem *laboratorium salutis,* das diese Welt ist, den „anderen" überlassen sollen und dürfen. Dagegen spräche weiß Gott vieles, was allzulange mißachtet blieb. Aber das Sterben der Person und der Tod sind von so skandalöser Unerbittlichkeit, daß buchstäblich kein Weg an ihnen vorbeiführt. Die letzte Hoffnung, das Letzte der Hoffnung, kann nicht am Ende eines Weges liegen, der achselzuckend über die Leichen der zu früh Geborenen führt und um den Tod den großen Bogen macht. Wenn das Sterben und der Tod der menschlichen Person nicht das Allerfragwürdigste ist, was es gibt, und ewiges Leben in Gott nicht das größte Anliegen, dann ist das Reden von Hoffnung im Grunde lügnerisch.

KIRCHE

Außerhalb der Kirche kein Heil
Welche Hoffnung gibt die heutige Kirche dem Menschen?
Katholische Konfession?
Gegen Wiedervereinigung – für Einheit

Außerhalb der Kirche kein Heil?

Außerhalb der Kirche kein Heil – was kann das heute bedeuten? Wenn man so fragt, hat man schon verschiedene Einschränkungen gemacht, allein durch die Art des Fragens. Früher, das heißt bis vor wenigen Jahren oder Jahrzehnten, hätte man so nicht gefragt. Man konnte die Behauptung, außerhalb der Kirche gebe es kein Heil, annehmen oder ablehnen, aber der Sinn dieser Behauptung schien klar und eindeutig zu sein: nur wer zur Kirche gehört, kann gerettet werden, nicht aber die Gottlosen draußen. Die Kirche ist also heilsnotwendig oder, wie es in manchen Katechismen hieß: alleinseligmachend. Das Wort von der alleinseligmachenden Kirche hat viele geärgert, viele getröstet und manche unsicher gemacht, aber der Sinn dieses Wortes schien klar zu sein, wenigstens in dem allgemeinen Bewußtsein, das sich mit solchen schlagwortartigen Formulierungen zu verbinden pflegt.

Ein wegweisendes Wort?

In der wissenschaftlichen Theologie nämlich war es niemals so eindeutig klar, was dieses Wort eigentlich genau besagt. Man muß zugeben, daß die Situation des Fragens und der Fragwürdigkeit sich heute verschärft hat. Aber ganz abgesehen von theologischen Gründen, die man für oder gegen den Satz „außerhalb der Kirche kein Heil" anführen kann, erscheint es heute einfach als undenkbar, daß die Kirche heilsnotwendig sein soll und daß nur ihre Mitglieder gerettet werden können. Dagegen wendet sich bei der überwiegenden Mehrheit der Christen ebenso wie der Nichtchristen ein ganz fundamentales Denken und Empfinden. Sollen die vielen Milliarden von Menschen, die nie zur Kirche gehört haben, einfach ein verlorener Haufe sein? Es handelt sich ja nicht nur um das „ferne China", sondern auch um unsere Nächsten, die mit der Kirche gebrochen haben oder aus widrigen Umständen nie zu ihr fanden. Sollen sie allein auf Grund dieser Tatsache verloren sein? Nein – eine solche Behauptung muß als absurd und geradezu unmenschlich empfunden werden. Dagegen muß man schon aus mitmenschlicher Verbundenheit protestieren. Was wäre das für ein Gott, der sein Heil der relativ kleinen Gruppe der Kirchenmitglieder reserviert hätte? Es wäre ein Gott der Ungerechtigkeit, der Engherzigkeit und der Willkür, auf den man gerne verzichten würde. „Statt an einen solchen Gott zu glauben" – so erklärte Voltaire, und Unzählige haben es seither still für sich oder laut wiederholt –, „wollen wir lieber an einen anderen glauben, den wir aufrichtig lieben können."

Auf der anderen Seite herrscht doch eine gewisse Unsicherheit. „Herr, zu wem sonst sollen wir gehen? Du hast Worte ewigen Lebens." Ein Rest von Sehnsucht und Hoffnung nach dem Gott der Liebe und des Heiles ist geblieben, auch wenn sein Bild verdunkelt ist. Und was den Anspruch der Kirche betrifft, Heilsgemeinschaft zu sein, so kann man auch hier eine gewisse Unsicherheit feststellen, die ein definitives Urteil nicht gestattet. Da sind die Christen, die, nicht zuletzt um ihres Heiles willen, einer Kirche angehören. Und da sind die vielen, die zwar am Rande oder draußen stehen, denen aber die Kirche und ihr Wort und Anspruch ein Problem und eine Beunruhigung geblieben sind, das kein einfaches Ja oder Nein zuläßt. Hat vielleicht die Kirche am Ende doch recht? Man weiß ja in diesen Dingen nicht so genau Bescheid, das Ge-

heimnis um die Letzten Dinge ist groß, allem unserem eigenen Nachdenken haftet ein großer Ungewißheitsfaktor an, und wer ist schließlich nicht beunruhigt durch die Angst vor dem Ende und den möglichen Folgen? Wer wäre nicht froh, gerade in dieser Frage, für ein verläßliches und klärendes Wort, auf das er vertrauen kann?
Aber ist der Satz „außerhalb der Kirche kein Heil“ ein solches wegweisendes Wort? Ist er nicht nur ein Ausdruck der Engstirnigkeit und der Beschränktheit derer, die jeden Andersdenkenden zur Hölle verdammen, verbunden mit jenem Heilsegoismus, der im eigenen Weg den einzigen Weg sehen möchte? Entspringt der Satz nicht dem Ausschließlichkeitsanspruch einer bestimmten soziologischen Gruppe, die, wie alle derartigen Gruppen – und neben dem Christentum auch die übrigen Religionen –, ihren Mitgliedern eben Vorrechte und Sondervergünstigungen einräumen oder versprechen müssen, um sie bei der Stange zu halten? Und ist nicht allenthalben zu beobachten, daß die alten festen Ansprüche und Dogmen allgemein abgeschwächt, einer neuen Mentalität angepaßt und, wie man beschönigend sagt, neu interpretiert werden – während in Wahrheit der Bankrott des alten Glaubens droht und das Requiem schon intoniert wird?

Geschichte eines Mißverständnisses

Ich möchte im folgenden keine sogenannte neue Interpretation geben. Ich meine aber, daß der Satz „Außerhalb der Kirche kein Heil“ etwas sehr Richtiges und Wahres und Bedenkenswertes aussagt – allerdings auf eine sehr ungeschickte und mißverständliche Weise. Aber das hat historische Gründe. Das Unglück will es, daß das Selbstverständnis des Christentums sich in manchen überlieferten Formulierungen ausgesprochen hat, an deren Wortlaut man festhält, obwohl der Sinn der Worte sich gewandelt hat. Das ist eine Erfahrung, die jeder, der es mit alten Texten und Urkunden zu tun hat, häufig macht, daß nämlich der gleiche Wortlaut nach Jahrhunderten etwas anderes oder zumindest Fragwürdiges sagt, da der Sinn der Worte sich gewandelt hat. Zuweilen ergibt es sich auch im Laufe der Zeit, daß mehr oder weniger zufällige Formulierungen mit einem Gewicht beladen und einer dogmatischen Bedeutung versehen werden, die zur Überlastung führen.

Genau das ist bei unserem Satz der Fall. Er ist sehr alt. Man begegnet ihm schon im 2. und 3. Jahrhundert. Seinen Ursprung hat er im Bild von der Arche Noah. Nur wer gemäß dieser alttestamentlichen Sage in der Arche war, wurde vor den Fluten der Sintflut gerettet. Die Kirche aber ist die neue, geistige Arche, die vor der Flut des Verderbens rettet. Außerhalb dieses Hauses, d.h. der Kirche, kann niemand gerettet werden.

Die ersten Christengenerationen haben also das Bild von der rettenden Arche gewählt, um auszudrücken, daß sie in den Stürmen und Fluten der Geschichte eine rettende und bergende Behausung gefunden haben. Man muß sich die kleinen Christengemeinden damals vorstellen, wie sie sich in einer feindlichen Welt zusammengefunden haben, überzeugt von der Heilsmacht und erlösenden Kraft des Evangeliums, um dieses Bild in seiner ergreifenden Schönheit würdigen zu können.

Aber nichts Menschliches ist sicher vor Mißverständnis und Mißbrauch. Das Bild von der rettenden Arche wurde zu einer festgeprägten Münze und verlor bald schon, vor allem in den Auseinandersetzungen mit Andersdenkenden, seinen theologischen Hintergrund. Halb wildgewordene Idee, halb entwurzeltes Findelkind, geisterte unser Satz fortan durch die Weltgeschichte und bot sich ebenso an für ernsthaftes Nachdenken wie für oberflächliche Manipulationen. Für beides ließen sich eindrucksvolle Beispiele anführen. Im Übergewicht sind freilich die letzteren, wenn nicht qualitativ, so doch quantitativ. Es gehört zu den Unbegreiflichkeiten des menschlichen Daseins, wie das Licht großer Denkergestalten verdunkelt und überflutet werden kann durch Mentalitäten und Gesinnungen, die wie eine Epidemie die Massen ergreifen, um sie für die höchsten Werte und Wahrheiten blind zu machen. Das war in bestimmter Hinsicht der Fall mit unserem Satz von der alleinseligmachenden Kirche. Dafür sollte man übrigens nicht „der Kirche" die Schuld geben. Die Kirche besteht zu allen Zeiten immer nur aus Menschen, die ihren Geist oder Ungeist und ihre Gesinnung mitbringen und denen das Umdenken am Evangelium schwerfällt. Ehe man sich zum Evangelium bekehrt, sucht man allemal das Evangelium zu sich zu bekehren, und das heißt: seinen eigenen Zwecken und Ideen dienstbar zu machen.

Für den Satz „Außerhalb der Kirche kein Heil" beginnt diese Entwicklung schon früh. Bereits im 3. Jahrhundert, als die ersten Sekten sich von der Kirche abgespalten hatten, wird unser Satz zu einer Waffe von halb heilender, halb zerstörender Wirkung. Man will die Einheit der Kirche wahren und fordert deshalb die relativ wenigen, die im Zorn sich losgesagt haben, zur Rückkehr in die Einheit auf. Draußen, außerhalb der Einheit und fern der Kirche, gebe es kein Heil. Von da an wird der Satz immer wieder in diesem Sinn verwendet.

Eine neue Nuance kam im hohen Mittelalter hinzu, als praktisch die ganze damals bekannte Welt christlich geworden war. Die Kirche war nun nicht mehr die kleine Arche, sondern die umfassende Organisation, die für das geistliche Wohl aller zu sorgen hatte. Ohne sie und außerhalb von ihr war kein Heil denkbar. Und da der Papst als oberster Repräsentant der damaligen Christenheit nicht nur geistliche, sondern auch weltliche Interessen hatte, stellte sich eine neue Gleichung ein: dem Papst sich unterwerfen – der Kirche angehören. Au-

ßer der Kirche kein Heil. Bonifaz VIII verkündet: dem römischen Papst untertan zu sein ist heilsnotwendig.
Es sollte aber noch schlimmer kommen. Man kann die mittelalterliche Entwicklung aus ihrer Zeit heraus noch verstehen. Es war eine geschlossene Welt, in der man lebte, und anderes als das, was man hatte und wußte und war, war undenkbar. Aber was danach kam, mit der beginnenden Neuzeit, ist fatal und unbegreiflich. Die eine Kirche spaltete sich im Gefolge der Reformation auf in verschiedene Kirchen, von denen jede sich für die allein wahre hielt. Jede behauptete, außerhalb von ihr gebe es kein Heil. Das war absurd, aber es dauerte fast bis in unsere Tage, bis man sich dieser Absurdität völlig bewußt wurde. Dazu kommt ein weiteres. Kolumbus hatte das Zeitalter der Entdeckungen eingeleitet. Man entdeckte fremde Kontinente und eine immer größere Anzahl von Menschen, die nicht zur Kirche gehören. Manche Theologen wurden nun doch unsicher. Aber die meisten, und zwar in allen Konfessionen, hielten um so starrsinniger daran fest, daß die Kirchengliedschaft heilsnotwendig sei. Erst gegen Ende des 19. Jahrhunderts und dann vor allem seit Pius XII setzte sich eine andere Beurteilung der Heilschancen der Nichtchristen durch. Um nur ein Detail zu erwähnen: Im Jahre 1952 vertrat der amerikanische Jesuit Feeney die Auffassung, nach der Lehre der katholischen Kirche könne niemand gerettet werden, der nicht zu dieser Kirche gehöre. Er blieb trotz ernster Vorhaltungen bei dieser Auffassung. Die Folge war, daß er aus der Kirche ausgestoßen wurde. Das ist paradox, aber es zeigt, daß die Kirche heute weit entfernt ist, ihre Mitglieder blindlings als bevorzugte Erben des Heiles zu betrachten.

Zwei Fragen

Hier stellen sich zwei Fragen. Erstens: Ist eine „Kirche", die nicht absolut heilsnotwendig ist, kein frommer Luxus? Zweitens: Ist der Satz „Außerhalb der Kirche kein Heil" damit erledigt, da jeder auf seine Façon selig werden kann?
Ich kann auf diese Fragen die Antwort nur andeuten. Zuerst wäre darauf hinzuweisen, daß das Wort „Kirche" in unserem Satz nicht eindeutig ist. Welche Kirche ist damit gemeint? Eine bestimmte Konfession? Oder eine Art Überkirche, die es aber als solche nicht gibt? Offenbar nicht. Es ist vielmehr so, daß das Wort „Kirche" einen Bedeutungswandel durchgemacht hat. Man versteht heute unter „Kirche" in der Regel eine soziologische Größe. Es erscheint dann als undenkbar, daß die Zugehörigkeit zu einer soziologischen Gruppe heilsnotwendig sein soll. „Kirche" meint aber nicht primär eine soziologische, sondern eine theologische Wirklichkeit. Im Sprachgebrauch der Bibel ist „Kirche" die Bezeichnung für ein letztes Ziel und einen letzten Sinn überhaupt. Der Sinn der Geschichte ist das Reich Gottes oder nun im weiten, theologischen Sinn des Wortes, die „Kirche Gottes", das heißt: die Menschheit als Volk Gottes, die selige Gemeinschaft der geschaffenen Geister im ewigen Leben mit Gott. Dieses Ziel zu verwirklichen, die Menschheit zu erlösen und ihrem Schöpfer zuzuführen, war die Sendung Jesu Christi. Es gibt nur einen Gott und nur einen Mittler, den Sohn, und nur ein Heil für alle. Die Menschheit als ganze und damit jeder einzelne Mensch ist für dieses Ziel bestimmt, und für alle ist durch den einen Mittler der Weg zu diesem Ziel eröffnet. Deshalb kann Christus als der universelle Mittler das Haupt aller Menschen genannt werden, und deshalb gehört jeder Mensch zu dieser Menschheitskirche. Es geht hier nicht darum, für eine bestimmte Kirche oder für das Christentum einen weltweiten Herrschaftsanspruch zu legitimieren, sondern es geht um die

Tatsache, daß die Menschheit in der Frage ihres Heiles eine einzige Schicksalsgemeinschaft ist. Die Menschheit als ganze ist zur seligen Gemeinschaft mit Gott berufen, und man kann diese Gemeinschaftsform „Kirche“ oder „Reich Gottes“ nennen. Außerhalb davon gibt es kein Heil.

Geschichtliche Kirche

Das führt zur zweiten Frage. Wozu gibt es dann eine bestimmte geschichtliche Kirche, die sich zudem gespalten hat? Sind das nicht überlebte Formen, die ganz gut und recht waren, solange man diese tiefe und weite Einsicht in das Wesen von Kirche und Heil noch nicht oder nicht mehr hatte?
Dazu ist zu sagen, daß diese Einsicht nicht neu ist. Sie ist so alt wie die biblische Offenbarung selbst. Aber sie interferierte dauernd mit dem Auftrag der Bibel, nun auch hier, in dieser Geschichtszeit, schon Kirche zu bilden. Diese geschichtliche Kirche hat zwei Aufgaben. Sie soll das Evangelium verkünden, d.h. eben die Frohe Botschaft, daß die Menschheit nicht dem Nichts und der Verzweiflung entgegensteuert, sondern dem Heil in der Gemeinschaft der Erlösten. Und sie soll zweitens schon in dieser Geschichtszeit aus den Kräften der Erlösung leben und das Kommende vorwegnehmend darstellen. Es sollen in dieser geschichtlichen Gemeinschaft die Gesetze der Liebe, der Hoffnung und des weltüberwindenden Glaubens herrschen. Was diese letzte Aufgabe betrifft, so gelingt es der geschichtlichen Kirche recht und schlecht, sie zu erfüllen. Sie besteht nur aus Menschen, die häufig ihr Bestes tun, die aber ebensooft auch Ärgernis geben und dadurch das Ganze in Mißkredit bringen.
Die andere Aufgabe allerdings, die Verkündigung des Evangeliums, ist der entscheidende Daseinsgrund für die geschichtliche Kirche. Ohne sie wäre das Evangelium nur ein

Stück totes Papier, das, wie die übrigen alten Bücher, in den Bibliotheken verstauben würde. Deswegen wurden in jener entscheidenden Stunde der Geschichte, als der eine Mittler auftrat, Sendboten ausgewählt mit dem Auftrag, Zeugen des Wortes zu sein bis an die Grenzen der Erde. Das ist die Geburt der geschichtlichen Kirche, die sich heute, das ist wahr, anders und besser als früher in ihrer dienenden Funktion versteht: als eine dienende, pilgernde, der Endzeit geöffnete Kirche, die über sich hinaus weist und die von sich bekennt, daß sie nur dazu da sei, um zu Christus zu führen, sein Denken zu offenbaren, ihn zu verherrlichen und sein Bild wie in einem Spiegel zurückzuwerfen. An dieser Aufgabe will sie gemessen werden und wird sie mit Recht gemessen. Daß es dennoch in bezug auf das persönliche Heil nicht gleichgültig sein kann, ob man ihr zugehört oder nicht, liegt auf der Hand. Letztlich geht es um Sein oder Nichtsein, und die Entscheidung kann niemand abgenommen werden. Deshalb ist die Frage: es werden viele gerettet, ohne der Kirche anzugehören, warum nicht auch ich?, eine falsch gestellte Frage. Es geht nicht darum, möglichst ungeschoren durchzukommen, sondern in dem kurzen Leben, das uns beschieden ist, den Platz zu finden, dem wir in Ewigkeit zugehören wollen.

Zwar ist der eine Gott überall gegenwärtig. Auf ihn richtet sich jede Stimme, und er hört jeden Ruf der Kreatur. Er erlöst auch das irrende Gewissen und den über den rechten Weg sich täuschenden Menschen. Aber das entbindet nicht davon, der Wahrheit und dem Licht zu folgen, wenn sie als solche sich zu erkennen geben. In dieser Hinsicht ist die Kirche dieser Geschichtszeit die Gemeinschaft derer, die sich zur Wahrheit des Evangeliums bekennen und die ihre ganze Hoffnung daran setzen, daß nicht der Haß, der Tod und das Böse den Sieg davontragen werden, sondern die Liebe und das Leben in der Wahrheit.

Welche Hoffnung gibt die heutige Kirche dem Menschen?

Schlagwort Hoffnung

Wahrscheinlich wurde noch nie so viel von Hoffnung geredet und geschrieben wie heute. Das „Prinzip Hoffnung", Titel eines berühmten Buches, ist zu einem Prinzip der Wirklichkeitsdeutung und der Weltveränderung geworden und spielt in den Auseinandersetzungen um die Zukunft des Menschen eine überraschend große Rolle.

Dabei haben sich die Fronten und Perspektiven eigenartig verschoben. Früher gehörte die Hoffnung, das Hoffenkönnen und Hoffendürfen, zu den besonderen Merkmalen und Vorzügen des christlichen Glaubens. Der Apostel Paulus bringt die Summe des christlichen Daseins auf die einfache Formel: Glaube, Hoffnung, Liebe. Er versteht die junge Kirche als Gemeinschaft der Hoffenden und charakterisiert die, die draußen sind, als Menschen ohne Hoffnung.

Heute ist das fast umgekehrt. Zwar hat die Lehre von der Hoffnung in der christlichen Glaubensunterweisung nach wie vor ihren Platz. Aber was dort unter Hoffnung verstanden wird, ist gerade nicht das, was der moderne Mensch sich wünscht. Seine Wünsche an die Zukunft und seine Lebenserwartungen gehen vielfach in eine andere Richtung. Die christliche Hoffnungsbotschaft hat viel von ihrer Attraktivität und Überzeugungskraft verloren. Doch nicht nur das. Aus dem Boten der Hoffnung, der die Kirche einst war, ist sie sozusagen selbst zum Gegenstand der Hoffnung oder auch der Verzweiflung geworden. Viele halten sie für einen hoff-

nungslosen Fall. Von inneren Krisen geschüttelt und zerrissen, gleicht sie dem Arzt, der nicht weiß, wie er sich selbst Heilung verschaffen soll.
Wenn man unter diesen Vorzeichen die Frage stellt, welche Hoffnung die heutige Kirche dem Menschen gibt, dann fällt die Antwort einem nicht leicht. Die Frage selbst ist zutiefst zweideutig. Denn daß aus der Kirche als Gemeinde der Hoffenden fast ein Fall der Hoffnungslosigkeit geworden ist, hat seine Ursache weniger in widrigen äußeren Umständen als vielmehr in einer inneren Not, die aufs engste mit bestimmten Formen der christlichen Hoffnung zusammenhängt. Man kann von daher geradezu sagen, daß die Krise des Christentums heute die Krise seiner Hoffnungen ist.
Das zeigt sich sehr deutlich, wenn man einmal nicht abstrakt über die Tugend der Hoffnung spekuliert, sondern ganz konkret die Frage stellt: Was bietet eigentlich die Kirche heute dem Menschen unter dem Stichwort „Hoffnung“ an? Macht sie ein ernsthaftes Angebot? Hat sie einen Glauben zu verkünden und eine Lebensmöglichkeit anzubieten, die tragfähig und überzeugend sind, würdig einer großen Hoffnung? Bietet sie, als Großorganisation, dem Menschen von heute einen Lebensraum und dem Menschen von morgen eine Zukunft? Oder hat sie Angst vor der Zukunft? Manchmal hat man den Eindruck, daß sie, wenn sie von Hoffnung redet, nur ihre eigene Angst und Unsicherheit kompensiert. Auch das wäre eine Form der Hoffnung, wenngleich keine sehr überzeugungsmächtige.

Katechismushoffnungen

Fragen wir, um zu einem möglichst genauen Befund zu kommen, einmal ganz einfach: Wie formulieren die Religionslehrbücher und Katechismen heute die christliche Hoffnung?

Wenn irgendwo, dann muß in dem, was die Kinder in der Schule lernen, die Sache greifbar werden.
Ich habe mir die Mühe gemacht, ein Dutzend solcher Werke daraufhin durchzusehen. Die zentrale Aussage lautet: Gott hat uns das ewige Leben verheißen; darum hoffen wir, daß er uns einst die ewige Seligkeit schenken wird und schon jetzt die Verzeihung unserer Sünden und seine Gnade. Eine zweigeteilte Hoffnung also: hier auf Erden Verzeihung der Sünden und Gnade, dereinst die ewige Seligkeit. Beide Punkte werden inhaltlich folgendermaßen ausgeführt: Im Jenseits, bei Gott, vollkommenes Glück, Seligkeit ohne Ende, Freuden des Himmels in der Gemeinschaft der Engel und Heiligen. Im Himmel finden wir auch alle Freunde und Verwandten wieder, die im Herrn entschlafen sind. Die Freuden des Himmels sind größer, als wir uns vorstellen können. Das ist das große Hoffnungsgut und Hoffnungsziel. Dazu kommt das, was man ‚erlaubte Hoffnung auf irdische Güter' nennt: alles, was gut ist, in erster Linie die Mittel und Hilfen, die zur Erreichung des ewigen Heiles notwendig sind, dann aber auch irdische Güter, soweit sie uns nicht von dem Weg zu Gott abbringen, nämlich Gesundheit, Kleidung, Nahrung und anderes. Daraus ergibt sich eine durchgängige Haltung der Hoffnung, die sich als Gottvertrauen in jeder Lage, auch in ausweglosen Situationen, äußert. Der Christ ist deshalb ein froher Mensch, dem die Hoffnung Zuversicht gibt. Das wird teilweise in Bildern umschrieben, etwa von der Art: Die Hoffnung ist der Anker für das Lebensschiff im Sturm. Oder es wird, in Anspielung auf den angeborenen Optimismus und Lebenstrieb des Menschen, gesagt: die religiöse Hoffnung sei gewissermaßen der Selbsterhaltungs- und Glücksdrang des Gnadenlebens.
Es ist eine eigenartig unwirkliche Welt, die uns hier entgegentritt. Der Akzent liegt auf dem Jenseits und auf der Zeit nach dem Tode. Die Diesseitshoffnungen sind ganz darauf bezo-

gen. Zwar wird ausdrücklich die Hoffnung als eine Kraft vorgestellt, die auch in diesem Leben hilft, vor allem in ausweglosen Situationen und in den Depressionen, die das Leben mit sich bringt. Aber das Ganze ist sehr abstrakt und wesenlos. Konkrete diesseitige Hoffnungsziele, die einen Einsatz lohnen würden, sind in diesem Zusammenhang nicht gegeben. Die Entwicklung der Welt, die Planbarkeit und Machbarkeit der Zukunft, an der der moderne Mensch arbeitet, und die Ziele der Glaubenshoffnung treten auseinander und haben fast nichts miteinander zu tun. Man hat nicht zu Unrecht gesagt, die großen, den Menschen bewegenden Hoffnungen seien ausgezogen aus der Kirche. Der christliche Glaube habe sich auf biblische Sprachziele zurückgezogen, auf das leere, wenngleich großtönende Wort und auf lehrhafte Sätze vom ‚Jüngsten Tag', vom ‚Letzten Gericht' und vom ‚Jenseits'.

Theologische Lehrbuchhoffnungen

Dieser Eindruck verstärkt sich, wenn man bedenkt, was die dogmatische Theologie zur Zukunft des Menschen zu sagen weiß. In den älteren Lehrbüchern der Dogmatik ist im Rahmen der endzeitlichen Aussagen praktisch nur die Rede von jenseitiger Zukunft: vom Tod, vom Gericht, von der Hölle, dem Fegefeuer, dem Himmel, dem katastrophenartigen Ende der Welt und Geschichte, und, ziemlich vage, von einem neuen Himmel und einer neuen Erde.

Diesseits und Jenseits, Menschenwelt und Gottesreich, sind klar geschieden. Der Sinn des Daseins ist im wesentlichen erreicht, wenn man im Himmel ist. Die Welt bleibt zurück. Entweder ist sie, als Schöpfung Gottes, gut. Dann soll sie bleiben, wie sie ist, und es besteht kein Grund, sie zu ändern. Oder sie ist schlecht, böse und verdorben, ein Jammertal und Sündenleib. Das ist nicht weiter schlimm, da sie ja zum Glück nicht die bleibende Stätte des Menschen ist, der im Jenseits einen Ausgleich gegen die Misere des Lebens und die Ungerechtigkeit der Welt erwarten darf, sowie eine Art von sublimer Rache.

Die Verhaltensmuster, die aus dieser Sicht der Dinge sich ableiten, sind bekannt: Dulden an Stelle von tatkräftigem Handeln; hoffender Blick nach oben; das Leben als eine Nacht in einer schlechten Herberge. Vielfach auch apathisches Nichtsändernwollen, Arrangement mit den herrschenden Mächten, Verbrämung des Elendes und Jenseitstrost zum Ausgleich. Impulse zu einer sachgerechten Veränderung des Daseins und der Verhältnisse werden dadurch eher verhindert.

Die neuere Theologie hat hier nicht sehr viel verändert. Sprach man früher eher von nachzeitlichen, hinter der Welt und über der Geschichte liegenden Erfüllungen des Heiles, so geht die Tendenz dahin, das Ganze in der Dimension der Zukünftigkeit zu denken. Gott und das Jenseits und das Heil liegen in der Zukunft und sind praktisch mit ihr identisch. Aber dieses von der Zukunft und in ihr erwartete Heil erscheint wiederum ganz als Gottes Tat und ist wesentlich unterschieden von allem, was menschlich leistbar ist. Wie die Botschaft Jesu quer zu Welt und Zeit stehe, so sei auch das von ihm verkündete Reich eine schlechthin überweltliche,wenngleich zukünftige Größe. Das Heil liegt sozusagen in der reinen ‚entweltlichten' Hoffnung und besteht vorwiegend in Sündenvergebung, Rechtfertigung vor Gott und ‚existentieller Eigentlichkeit'. Mit der gesellschaftlichen Wirklichkeit von heute und ihren Zukunftszielen hat das nicht viel zu tun. Vor Gott und für die Kirche als Gemeinde der Entweltlichten sind alle irdischen Konstellationen gleich gültig – und gleichgültig. Diese Sicht der Dinge findet darin eine Stütze, daß die ganze Zeit, die zwischen der Auferstehung Jesu und dem letzten Weltgericht liegt, mit dem fatalen Wort „Zwischenzeit" bezeichnet wurde. Praktisch die ganze Geschichtszeit, in der wir uns bewegen, erscheint so als Zeit des Wartens auf die großen Endereignisse, auf Weltenbrand und Wiederkunft des Herrn. Der Sinn dieser Zwischenzeit läge darin, die Menschen zu läutern und zu prüfen, die Gerechten zu sammeln und die Glaubensgeheimnisse zu entfalten. Das Ende, Wunschziel und Drohung zugleich, ist teilweise gedacht als kosmische Katastrophe, teilweise als plötzliche Weltverwandlung, in *einem* Augenblick, beim Schall der letzten Posaune, teilweise aber auch ganz ohne Bezug zum Kosmos, indem einfach die Geretteten in die himmlischen Wohnungen geholt werden. Die Christen sind in dieser Welt und ihrer Zwischenzeit nicht eigentlich zu Hause. Sie haben ihr Bürgerrecht anderswo und erwarten, sofern sie die Kraft dazu aufbringen, ihr eigenes Ende und das Ende des Ganzen mit Freuden.

Reich Gottes und irdische Welt

Das ist, etwas vergröbert, das Glaubensgefüge, innerhalb dessen die christliche Hoffnung angesiedelt ist. Gewiß gab es zu allen Zeiten rebellische Geister und ungeduldige Leute, die sich mit dieser Form der Vollendungshoffnung und des Jenseitstrostes nicht zufriedengaben. Ein entscheidender Anstoß dafür ging von der immer wieder überraschenden Beobachtung aus, daß Jesus selbst mit seiner Botschaft die Dinge etwas anders gesehen zu haben scheint. Seine Botschaft lautet nicht, der Mensch solle sehen, daß er in den Himmel komme, sondern er sprach vom Kommen des Reiches Gottes *zu uns.* Den Zugang zu diesem Reich vermittelt demgemäß nicht der Tod, sondern die Bekehrung und der Glaube. Obwohl nicht *von* dieser Welt, ist es doch *in* ihr.

Von daher gesehen, stellt sich die Frage ganz neu und dringend, wie sich eigentlich dieses Reich, das in der Welt ist und in ihr wachsen soll, zu dieser Welt und ihrem Wachstumsprozeß verhalte. Dies um so mehr, als die Welt nicht mehr als Natur erscheint, die nach ehernen Gesetzen in ewigem Kreislauf sich bewegt, sondern als Geschichte, in die der Mensch zunehmend und mehr oder weniger planvoll eingreift, um sie nach seinen Wünschen und Bedürfnissen zu verändern. Soll dieser Prozeß der Weltveränderung eine gottlose und für das Heil bedeutungslose Sache sein? Können die Hoffnungen, die sich darauf richten, einfach als ‚Verweltlichung', oder ‚Säkularisierung' der christlichen Jenseitshoffnung erklärt werden? Dann hätte die Welt zwar von den Christen das Hoffen gelernt, aber sie wäre darüber gottlos geworden, weil die ‚Zwischenzeit' sich allzulange dehnte und die Verhältnisse immer unerträglicher wurden und der Mensch des Jenseitstrostes satt geworden ist. Es ist klar: der Impuls zu den großen säkularen Hoffnungen von heute ging vom christlichen Glauben aus, wenn auch nicht so, wie dieser es wollte. Aber damit scheint er sein Bestes gegeben und seine Aufgabe erledigt zu haben und könnte sich selbst zur wohlverdienten ewigen Ruhe begeben.

Damit scheint der Fall erledigt zu sein, und wenn man fragt, ob die heutige Kirche nicht doch neue Hoffnungen zu geben vermag, weil sie vielleicht die Bibel mit neuen Augen lesen gelernt hat, so zögert man. Man zögert sowohl, wenn man ihre Botschaft bedenkt, wie wenn man ihre Erscheinung betrachtet. Die Urteile gehen von „bedeutungslos" bis „unerfreulich".

Anderseits kann man nicht übersehen, daß die Anzeichen für einen Wandel sich mehren. Man denke vor allem an einige neue Versuche, die darauf zielen, die Weltlosigkeit des Glaubens und die Glaubenslosigkeit der Welt dadurch zu überwinden, daß beide auf Gedeih und Verderb einander konfrontiert – um nicht zu sagen: ausgeliefert – werden. Bei vielen Christen entwickelt sich ein Bewußtsein der Solidarität mit dieser Welt, daß sie darüber lieber auf ein Jenseitsheil verzichten als diese Welt sich selbst überlassen möchten. Hand in Hand damit geht ein neues Einheitsdenken, gleichsam als theoretischer Ausdruck der Solidarität. Hier ist etwa Teilhard de Chardin zu nennen, der auf eine sehr entschiedene Weise die Evolution der Welt, den Prozeß der Geschichte und den christlichen Heilsglauben mit seinen Zielvorstellungen zusammenbringt. Er konfrontiert sie nicht nur, sondern identifiziert sie fast. Zwischen dem schließlichen Sieg Christi und dem Werk des Menschen an seiner eigenen Zukunft, ja sogar zwischen der evolutiven Struktur der Welt und der Verwirklichung des Reiches Gottes, bestehen demnach innige Zusammenhänge. Wie er sich das im einzelnen denkt, ist eine Sache für sich. Wichtig ist jedoch der bei ihm mit beispielhafter Deutlichkeit sich zeigende Wille, die Zukunft der Welt und die Verwirklichung des Reiches Gottes auf keinen Fall zwei verschiedene Dinge sein zu lassen.

Daß er mit diesem Versuch bei einigen Kirchenbehörden nicht sonderlich wohlgelitten war, ist ebenso bezeichnend wie verständlich. Allzuviel steht auf dem Spiel, eine Menge Dinge müßten sich ändern in Theorie und Praxis. Daß ein Denken wie das Teilhards dem Selbstverständnis und den Erwartungen des heutigen Menschen entgegenkommt, ist gewiß kein Beweis seiner Wahrheit. Und der ungeduldige Wille, der uns dazu bewegt, nun doch eine größere Treue zur Erde und eine größere Hoffnung zur Menschenwelt der Zukunft zu entwickeln, ist keinesfalls ein zwingendes theologisches Argument für eine Umfunktionierung des alten Jenseitsglaubens. Anderseits darf man aber den Hütern der alten Hoffnung mit Nachdruck sagen, daß das Umdenken eine sehr biblische Tugend ist und daß der Ausbruch säkularer Hoffnungen, den wir miterleben, für den christlichen Glauben ein guter Anlaß sein kann, sich selbst zu prüfen und die alten Verheißungen mit neuen Ohren zu hören.

Man braucht deswegen die Frage nach dem, was den Menschen nach seinem Tod erwartet, nicht für falsch oder unwichtig zu halten. Das ewige Schicksal des einzelnen, sein Auferstehungsglaube und seine Hoffnung, daß die Verheißung ewigen Lebens wahr sei, sind keine belanglose und überholte Sache. Man tut das heute oft ziemlich leichtfertig ab als verachtenswerte Sorge um privates Heil und private Seelenrettung, während diese Dinge doch zu den großen Fragen der menschlichen Person und zu den großen Verheißungen des Evangeliums gehören. Auch wenn Begriffe wie Himmel, Hölle und ewiges Leben heute unanschaulich werden und die alten Weltbilder zerbrechen und auch die überlieferten Gottesvorstellungen in der Krise sind, ist dieser Teil der christlichen Hoffnung damit nicht einfach erledigt.
Dennoch muß man sagen, daß es der heutigen Kirche ziemlich schlecht gelingt, dem Menschen auch nur diese Hoffnung zu geben. Das hat verschiedene Gründe. Ich möchte einige davon nennen, um anschließend auf einen anderen Aspekt der Hoffnungsfrage einzugehen.
Erstens ist die Botschaft von den Letzten Dingen sowohl des einzelnen wie der Welt im ganzen zu sehr mit vergangenen, weltbildhaft bedingten Vorstellungen verknüpft. Mit der Wiederholung alter Weltbrandmythen ist es ebensowenig getan wie mit dem Phantasiegebilde einer jenseitigen Insel der Seligen oder einer idealen Überwelt, in die die Wünsche und Sehnsüchte übertragen werden, die das irdische Leben versagt oder nur unzulänglich gewährt.
Damit hängt, zweitens, sehr eng der Begriff von ‚Heil' zusammen, auf den sich die Hoffnung bezieht und von dem sie ihre Inhalte bekommt. Der moderne Mensch wehrt sich gegen die Vorstellung eines übernatürlichen Schlaraffenlandes, weil für das Vorhandensein eines solchen einfach die Beweise

fehlen. Auch ist ihm ein Heil, das nur in der ‚Rechtfertigung des Sünders' bestehen soll oder in der ‚Rettung einer Seele', von der er nicht weiß, ob er sie hat, zu wenig, zu blaß und zu fern. Die nackte, von kindischen Vorstellungen freie Botschaft, man dürfe trotz aller Verzweiflungsgründe hoffen, daß das letzte Wort nicht dem Tod und der Vernichtung gehört, sondern dem lebendigen Gott, der sein Geschöpf ohne Ende liebt, wird in ihrer Radikalität zu wenig sichtbar, weil sie von allen möglichen Ausmalungen verstellt wird.
Drittens wird die Hoffnungsbotschaft gar nicht so ausgerichtet, daß sich alle Menschen davon betroffen fühlen können. Die Mission wird eher betrieben in Richtung auf einen Mitgliederzuwachs für die Großorganisation Kirche als zu dem Zweck, alle Menschen das Hoffen zu lehren und sie vor Verzweiflung zu bewahren. Die Kirche hält der Welt vor, sie wolle vom Evangelium nichts wissen, anderseits bietet sie es ihr aber gar nicht an. Sie hat eine Verheißung praktisch nur für jene, die sich taufen lassen und ihre Christenpflicht erfüllen. Der Himmel ist nicht für die Heiden da, hieß es allzulange, und selbst die unschuldigen Kinder, die ohne Taufe sterben, konnten, um das Unglück vollzumachen, nur bis in die Vorhöfe des Himmels gelangen. Den Menschen, die außerhalb der Kirche stehen, wird nur ein durch den Gedanken eines ‚Naturgesetzes' filtriertes Evangelium geliefert, das keine Hoffnung machen kann.
Das alles hängt damit zusammen, daß die Eingliederung des einzelnen in die Kirche praktisch den Rückzug in eine sakrale Sonderwelt der Auserwählten bedeutet, in eine Gemeinschaft der Entweltlichten gleichsam, deren erste Sorge ihr himmlisches Bürgerrecht zu sein hatte. Die Folge ist eben jener Realitätsverlust des Glaubens und jene Weltlosigkeit der Hoffnung, von denen die Rede war.
Das gilt bereits für jene Hoffnungsformen, die sich auf Ziele jenseits des Lebens und der Geschichte richten. Diese Ziele

hat zwar die Kirche allezeit hochgehalten – doch allzusehr, wie viele meinen. Denn neben dem absolut Letzten, das jenseits von allem Vorstellbaren liegt, gibt es zunächst einmal unsere irdische Wirklichkeit. Man mag sie ruhig ein Vorletztes nennen. Aber selbst dann ist sie noch wichtig genug. Wenn nämlich der Prozeß der Geschichte und die vom Menschen gemachte Zukunft nicht ohne Bezug sind zu dem Reich der Verheißung, das zu uns kommen soll, dann bekommen unsere irdischen Wirklichkeiten einen un-endlichen Zukunftshorizont und werden eben dadurch selbst zum Gegenstand der Hoffnung.

Kirche als aktives Zeichen der Hoffnung

Konkret heißt das, daß die Sätze der Bergpredigt und die Botschaft Jesu an den Fronten des gesellschaftlichen Wandels anzusiedeln sind und für die geschichtliche Aktivität des Menschen ein Impuls zur Veränderung der Welt sein müssen. Die Kirche ist, aus dieser Sicht, jene Gemeinschaft von Menschen, für die die *Hoffnung auf das Reich Gottes* zu einem *diesseitig-geschichtlichen Auftrag* wird. Der Auftrag geht dann dahin, den Prozeß der Freiheit, der Gerechtigkeit und der Menschlichkeit selbst voranzutragen, anstatt das ‚Nur-Menschliche' geringzuschätzen. Eine Kirche, die Hoffnung geben und selbst ein Hoffnungszeichen sein will für die Hoffnungslosen, Verzweifelten und Erniedrigten, muß dort stehen, wo es vorbehaltlos um Gerechtigkeit, Liebe und Frieden geht. Sie muß das Gewissen sein, das Unrecht Unrecht nennt und dadurch weitertreibt zu besseren Verwirklichungen – anstatt um des eigenen Bestandes willen mit den Mächten der Repression und der Hoffnungslosigkeit zu paktieren und kluge Politik zu machen.
Zwar bezieht sich die Botschaft der Hoffnung nicht auf die

Kirche, sondern auf das Reich Gottes als Zukunft der Welt. Beide, Kirche und Reich Gottes, sind nicht dasselbe. Aber wie anders soll die Hoffnungsbotschaft der Kirche glaubhaft und überzeugend sein als dadurch, daß sie in ihrem Sein selbst ein Hoffnungszeichen ist? Daß sie also zunächst einmal denen, die sich zu ihr zählen möchten, einen Lebensraum und eine Lebensmöglichkeit anbietet, die eines mündigen Menschen, der sich aus freien Stücken zum Evangelium der Gerechtigkeit, der Liebe und des Friedens bekennt, würdig ist. Letztlich wird sich hier entscheiden, welche Hoffnung die Kirche dem Menschen gibt. Man hat gesagt, gerade diesen Dienst tue die Kirche heute nicht. Sie könne nicht viel Befreiendes sagen, weil es in ihr selbst nicht viel Freiheit gebe; sie trage zu wenig dazu bei, daß unsere Welt menschlicher wird, weil sie von Menschlichkeit zu wenig halte; es gehe ihr zu wenig um den Menschen und zu viel um sich selbst.
Diese Vorwürfe, so berechtigt sie sein mögen, bedenken vielleicht zu wenig, wie schwierig es ist, Hypotheken abzutragen, die sich aus menschlicher Schuld und Unzulänglichkeit angehäuft haben. Man wird geschichtlich Gewordenes kaum wieder los. Trotzdem ist es wahr, daß die Kirche Verachtung und Gleichgültigkeit verdient, soweit sie nicht wenigstens ein Zeichen der Hoffnung zu sein vermag für jenes ‚vorletzte' Ziel, das in einer Humanisierung der Welt besteht. Hier liegt die Wahrheit und die Bewährung der christlichen Hoffnung, und die Verheißung des Reiches Gottes will diesen Einsatz für eine menschlichere Menschenwelt fördern und nicht vermindern.

Katholische Konfession?

Die Christenheit umfaßt heute ungefähr ein knappes Drittel der Weltbevölkerung; aber sie ist in viele Konfessionen, Kirchen und Sekten gespalten. Der größere Teil von ihnen würde, wenn man nach der Religionszugehörigkeit fragte, zunächst zögern. Die Antwort hinge davon ab, wie man fragt. Würde man fragen, welcher Religion sie angehören, würden die meisten sich vielleicht einfach Christen nennen – zum Unterschied von Buddhisten, Hindus oder Moslems. Aber „die christliche Religion" als solche gibt es nicht. Niemand wird auf den Standesämtern einfach unter der Bezeichnung „Christ" oder „christlich" geführt, sondern immer als Angehöriger einer bestimmten Kirche oder Konfession. Der Ausdruck „Christ" ist fürs erste ziemlich problematisch oder nichtssagend. Alle Christen zusammen bilden die „Christenheit"; aber das ist eine Sammelbezeichnung, die nur von Religionsstatistikern oder Kreuzrittern verwendet wird. Ähnlich verhält es sich mit dem Ausdruck „Christentum".

Uniformität und Universalität

Wenn man jedoch unsere Frage anders formulieren würde und statt nach der Religionszugehörigkeit sich nach dem Bekenntnis erkundigte, käme als Antwort gewiß: ich bin katholisch, anglikanisch, lutherisch, reformiert, orthodox oder wie auch immer. Das ist paradox. Denn hier wird das Bekenntnis, das eine Sache des Glaubens ist, mit der Konfessionszugehö-

rigkeit verwechselt. Erst wenn man den einzelnen um sein Glaubensbekenntnis bitten würde, käme als Antwort vielleicht das im Gottesdienst verwendete Credo. Und nun würde die Sache erst recht schwierig werden. Denn in diesem Credo (das aus den ersten Jahrhunderten unserer Zeitrechnung stammt, einer Zeit also, in der es noch keine Kirchenspaltung gab), ist von Konfessionen nicht die Rede. Der uns hier interessierende Artikel heißt vielmehr: „Ich glaube an die eine, heilige, katholische und apostolische Kirche." Aber beileibe nicht jeder, der solches bekennt, will damit sagen, daß er der römisch-katholischen Kirche zugehört. Das Glaubensbekenntnis spricht von einer Sache, die es gar nicht zu geben scheint, nämlich von einer katholischen, das heißt: allgemein-christlichen Kirche.
Wir stoßen damit auf einen merkwürdigen Sachverhalt, der unsere Aufmerksamkeit verdient. Der Ausdruck „katholisch" ist offensichtlich nicht eindeutig. Einmal, gewissermaßen als polizeiliche Ordnungsbezeichnung in den Standesregistern, ist damit einfach eine bestimmte Konfession gemeint, nämlich die römisch-katholische Kirche. Der allgemeine Sprachgebrauch hat sich diese Vorstellung zu eigen gemacht: katholisch ist, wer zur römisch-katholischen Kirche gehört. Im Credo aber ist das anders gemeint. Dort ist „katholisch" eines der vier Merkmale jener einen Kirche Christi, zu der sich alle bekennen, nämlich das Merkmal der Allgemeinheit oder Universalität. Gemeint ist damit, daß die eine Kirche Christi zu allen gesandt ist, allen offensteht, alle Christusgläubigen umfaßt und eben dadurch universell oder katholisch ist. Das steht nun freilich im Widerspruch zu den christlichen Konfessionen, die sich zwar alle zur einen, universellen und also „katholischen" Kirche bekennen, dabei aber davon überzeugt sind, daß gerade sie und ihre Konfession die einzig wahre und echte Form des Christentums darstellen.
Das Wort „katholisch" ist seit dem 16. Jahrhundert in die

konfessionelle Auseinandersetzung hineingeraten. Die geschichtliche Entwicklung brachte es mit sich, daß die lateinische, römisch-katholische Kirche im öffentlichen Bereich als katholische Kirche bezeichnet wurde. Aber diese Sprachregelung verstand sich nicht von selbst. Denn die lateinische Kirche ist nicht die einzige, die Anspruch auf Katholizität erhoben hat und erhebt, und zwar ebenso aus theologischen wie aus kirchenpolitischen Gründen. In den letzten Jahren haben verschiedentlich evangelische Theologen bekundet, daß auch die evangelischen Christen „katholisch" seien. Sie wollten damit natürlich nicht sagen, daß sie nun anfangen, sich als römische Katholiken zu betrachten. Das gerade nicht. Sondern sie betrachten das dritte Merkmal der Kirche, die Katholizität, als im Evangelium begründet und in der evangelischen Kirche verwirklicht und sprechen so von „evangelischer Katholizität". Katholisch als Konfessionsbezeichnung wird so aufs neue fragwürdig, insofern mehrere Konfessionen Anspruch darauf erheben.
Aber das ist nicht neu. Bereits im 16. Jahrhundert stritt man sich darum, wer sich „katholisch" nennen dürfe. Wer eine Ahnung davon hat, wie etwa gegen Ende des letzten Jahrhunderts der Ausdruck „katholisch" ein Schimpfwort war, mag sich darüber wundern. Aber im 16. Jahrhundert war der katholische Name weit mehr als nur ein schöner oder hassenswerter Ausdruck. Nach damals geltendem Reichsrecht war nur die Kirche, die den katholischen Namen trug oder tragen durfte, die vom Staat anerkannte wahre und rechte Kirche. Die Religionsparteien mußten deshalb ein vitales Interesse daran haben, katholisch zu heißen. Katholizität wurde zu einem kirchenpolitischen Anspruch und war nicht nur eine Prestige-, sondern geradezu eine Existenzfrage. Luther spricht häufig von der „allgemeinen" Kirche und will den „katholischen" Glauben nicht verletzen. An der Wittenberger Universität wird die „Lehre der katholischen Kirche" ge-

lehrt. Melanchthon fordert: Wir alle müssen „katholisch“ sein. Die Augustana erhebt den Anspruch, in ihr sei nichts enthalten, was von der Catholica abweiche. Ähnlich die Confessio Virtembergica aus dem Jahre 1551.
Da nun gewissermaßen die politische Existenz und die öffentliche Anerkennung an diesem Namen hing, war es nur konsequent, daß die Konfessionen sich gegenseitig das Recht absprachen, sich katholisch nennen zu dürfen. Das hatte, wie gesagt, nicht nur, aber doch auch kirchenpolitische Gründe. Im Hintergrund stand natürlich die theologische Anschauung von der Universalität der Kirche Christi. Aber diese universelle, sich an alle wendende und alle für sich beanspruchende Kirche wollte nun jede Konfession sein. Die Reformatoren vermieden es seit etwa 1530, die alte, römische Kirche die katholische zu nennen. Man sprach von ihr als der „römischen“ Kirche der „Papisten“, der Papstanhänger, und diese sei nicht mehr die allgemeine Kirche, sondern eine Sekte, die ihre Katholizität selbst aufgegeben habe, da sie an die Stelle Christi den Papst gesetzt habe. Melanchthon stellt fest, die „Papisten“ rühmten sich zu Unrecht des katholischen Namens. So ging es weiter, hin und her. Die Idee der Katholizität wurde völlig konfessionalisiert und partikularisiert. Im Zeitalter des Konfessionalismus bot sich das bizarre Bild, daß verschiedene Katholizismen miteinander rivalisierten, obwohl das ein Widerspruch in sich selbst ist, denn katholisch heißt allgemein, alles umfassend. Aber die Teile verstanden sich nicht mehr als Teile des Ganzen, sondern jeder Teil wollte in frommer Rechthaberei das Ganze sein.

Römisch-katholisch?

Erst relativ spät wurde man sich bewußt, daß die eine christliche Kirche sich nicht ungestraft in Konfessionen als einander ausschließende Größen aufspalten läßt. Man bedauerte die Spaltung zwar von Anfang an. Aber das Bewußtsein, selbst recht zu haben, trübt den Blick für die eigenen Einseitigkeiten und den eigenen Substanzverlust. Der Teil ist eben nicht das Ganze, auch wenn er es noch so lautstark zu sein behauptet. Diese Erkenntnis stellte sich auf beiden Seiten nur zögernd ein. Ich möchte ein Beispiel dafür zitieren, einen bisher unveröffentlichten Abschnitt aus Notizen des katholischen Tübinger Theologieprofessors Johann Sebastian Drey aus der ersten Häfte des 19. Jahrhunderts. In seinem Tagebuch findet sich der Eintrag: „In Beziehung auf die katholische Kirche (er meint damit die römisch-katholische Kirche) kann man sagen, daß auch sie nicht mehr die allgemeine ist, wie Christus sie zu stiften gesandt war: eine lebendige, der Gestalt nach immer wechselnde, in ihrem Wesen aber immer einige und unveränderliche Kirche. Sondern ihre Elemente haben sich getrennt: die Einheit handelt verschlossen für sich, während die Mannigfaltigkeit ihr buntes Wesen draußen treibt." Das war für damals ein unerhörter Text, der nur einem verschwiegenen Tagebuch anvertraut werden konnte.

Die Entwicklung hatte nun also dahin geführt, daß die alte lateinische Kirche trotz heftiger Gegenwehr den Namen „katholische Kirche" für sich retten konnte. Das war allem Anschein nach ein beachtlicher Sieg. Aber sie hat ihn in einer eigenartigen Entwicklung, die freilich nicht ohne Sachkonsequenz war, wieder halb verschenkt. Sie nannte sich nämlich mehr und mehr selbst die „römische" oder die „römisch-katholische" Kirche. Man wollte der Katholizität damit eine gewisse Eindeutigkeit geben: eben die römische Katholizität war die allein wahre. So spricht bereits das Tridentinische Glaubensbekenntnis und wiederum das I. Vatikanische Konzil von der Gesamtkirche als der „römischen" oder „römisch-katholischen" Kirche. Damit schien alles geklärt zu sein. Aber das Gegenteil war der Fall. Wenn es eine „römisch"-katholische Kirche gibt, dann scheint es auch andere, nicht-römische, aber auch katholische Kirchen zu geben. Das kam den Wünschen und dem Selbstverständnis der Nicht-Römer entgegen. Im Jahre 1864 trat Rom in einem offiziellen Brief an die englischen Bischöfe der Ansicht entgegen, die Kirche Christi bestehe aus verschiedenen Teilkirchen, die sich alle mit gleichem Recht katholisch nennen würden. Und wenige Jahre später, auf dem I. Vatikanischen Konzil, kam es zu einer Auseinandersetzung in dieser Frage. Einige Bischöfe erhoben Einwände gegen die Formulierung „römisch-katholische Kirche". Der Zusatz „römisch" sei neu, er schmälere die Katholizität und begünstige das Mißverständnis, es könne auch nicht-römische katholische Kirchen geben. Aber das Konzil verschloß sich diesem Einwand. Es trug damit – gewollt oder ungewollt – der Tatsache Rechnung, daß es nach dem kirchengeschichtlichen Stand des konfessionellen Problems nicht mehr genügt, sich einfach katholisch zu nennen. Die Konfessionalisierung der Katholizität hatte sich damit faktisch ihren sprachlichen Ausdruck erzwungen. Man mag diese Tatsache aus guten Gründen bedauern. Man kann sie aber auch wegen der damit verbundenen Eindeutigkeit begrüßen; denn die gewählte Selbstbezeichnung ist insofern sachgerecht, als sie den historischen Gegebenheiten entspricht: katholisch als Konfessionsbezeichnung bedarf eines Zusatzes. Von Haus aus ist das Wort katholisch nicht geeignet, eine bestimmte Konfession in ihrer Besonderung zu bezeichnen.

Katholisch ohne Kirche?

Der erste Eindruck, den der außenstehende Beobachter von der gespaltenen Christenheit gewinnen muß, ist der, daß in den verschiedenen Konfessionen sich einander gegenseitig ausschließende Größen jeweils mit Katholizitätsanspruch auftreten. Man hat die christliche Ökumene eine Gemeinschaft von Menschen genannt, die sich gegenseitig für Häretiker halten. Dem Außenstehenden drängt sich die Frage auf, was und wo nun wirklich die Catholica sei, zu der sich im Credo alle bekennen.

Die Geschichte der letzten 400 Jahre kennt viele Antworten auf diese Frage. Wie die einzelnen Konfessionen sie beantworten, ist bekannt. Daneben gibt es aber eine ganze Reihe von Versuchen, das Problem der Katholizität an den Konfessionen vorbei im Sinne einer überkonfessionellen Wirklichkeit zu lösen, Katholizität, Universalität des Christentums, wird dabei zu einem die Konfessionen umgreifenden oder auch hinter sich lassenden Überbegriff. Oft ist es so, daß der über die Konfessionen sich erhebende freie Geist oder auch der ihres Streites müde Christ die Verabsolutierung der eigenen Konfession – und damit überhaupt den konfessionellen Absolutismus – als primitiv und unchristlich empfindet.

Aber wo soll man nun die wahre Catholica suchen? Oder, was dasselbe bedeutet: wie soll man das dritte Merkmal des Credo – die Katholizität der einen Kirche Christi – verstehen? Ist Katholizität eine Eigenschaft des Evangeliums oder der göttlichen Gnade, insofern sie alle angeht, alle an sich ziehen will, allen das Heil anbietet? Gewiß auch. Aber das Credo spricht von der Katholizität der Kirche. Man hat deshalb versucht, die wahre Catholica, die wahre, alle umfassende allgemeine Kirche, in der Sphäre nichtempirischer Geistigkeit zu suchen, und hat gesagt: sie ist ein unsichtbares Gut des Glaubens, eine unsichtbare, spirituelle, nur im Glauben erfaßbare Größe.

Andere waren der Ansicht, die wahre, eine Catholica sei nicht nur glaubend oder denkend zu erfassen, sondern sie sei kirchenpolitisch im Sinne einer Reunion oder Wiedervereinigung herbeizuführen. Nach einer gängigen Vorstellung besteht die Catholica aus der Gesamtheit der auf das Apostolische Glaubensbekenntnis gegründeten Konfessionen. Die konfessionellen Unterschiede müßten eigentlich, so wird hier gesagt, gegenüber den fundamentalen Gemeinsamkeiten ihre kirchentrennende Bedeutung verlieren. Das Trennende sei, da es später hinzukam, auszuklammern, damit das allen Gemeinsame zum Tragen komme. Ein theologisches Subtraktionsverfahren soll also gewissermaßen die politische Einigung ermöglichen und damit die bereits geglaubte Catholica auch in Wirklichkeit herstellen. Man hat sich jahrhundertelang um eine Wiedervereinigung in diesem Sinne bemüht. Aber jeder Einsichtige weiß, daß eine Wiedervereinigung in diesem Sinne eine Chimäre ist, kirchenpolitisch und theologisch. Die Differenzen zwischen den Konfessionen liegen nicht derart am Rande, daß sie mit diplomatischem Geschick und Verhandlungstaktik überspielt werden könnten. Worauf es ankommt und was möglich zu sein scheint, ist nicht die Herstellung einer Wiedervereinigung, wie alle Welt heute meint, sondern die Erfassung der Einheit. Das ist etwas anderes, auf das ich gleich zurückkommen möchte. Man hat lange Zeit gemeint, dem Dilemma dadurch entgehen zu können, daß man an ein konfessionsloses und kirchenloses Christentum dachte. Erst dann, wenn die Kirchen sich selbst ad absurdum geführt hätten, könne jene wahrhaft allgemeine Kirche, die allein im Geiste zu erbauen ist, Wirklichkeit werden. Der Apostel der zukünftigen, wahrhaft allgemeinen Kirche ist Johannes. Diese Catholica wird die Religion des Menschengeschlechts sein, denn sie wird auf den Geist, auf die Vernunft, auf die Wissenschaft aufbauen und damit jeden überzeugen.

Diese Auffassung von Katholizität, die man aus dem Überdruß am konfessionellen Wirrwarr heraus verstehen muß, hat dank ihres Zukunftsoptimismus und ihres Überlegenheitspathos gegenüber den Konfessionen mancherlei hohen Gedanken Pate gestanden. Man hat sich zu einem allgemeinen, den Kirchen überlegenen Christentum bekannt und gesagt, die Catholica sei jene unsichtbare Universalkirche, von der die sichtbaren Kirchen nur unvollkommene und eigensinnige Erscheinungen seien, die bald vorübergingen. Der Religionswissenschaftler Mensching beschrieb seinen Kollegen Friedrich Heiler als einen Christen, der „als Verfechter einer evangelischen Katholizität im (universellen) Katholizismus und zugleich außerhalb des (römischen) Katholizismus" stehe. Insbesondere die Reformbewegung des Modernismus versuchte, das „reine Wesen" des Christentums aus seinen konfessionellen Konkretionen und Mißgestaltungen herauszulösen. Es war die Zeit, in der man Bücher über das „Wesen des Christentums" schrieb, das ein kirchenloses Christentum sein sollte. Der Verdruß am Bestehenden, der gewiß nicht unberechtigt war, verleitete dazu, das Kind mit dem Bade auszuschütten. Man könnte sehr genau zeigen, daß ein kirchenloses Christentum nicht nur existenzunfähig wäre, sondern auch unbiblisch. Christus lebt in seiner Gemeinde und will dort Gestalt annehmen.

Kirche und Christenheit

Nun, das dritte Merkmal der Kirche hat sich, wie man sieht, höchst unheilvoll in die konfessionelle Problematik verfilzt. Man wird sich der Einsicht nicht verschließen können, daß katholisch als Konfessionsbezeichnung wenigstens in sprachlicher und logischer Hinsicht höchst fragwürdig ist. Das hat nichts mit der Frage zu tun, welche der jetzt bestehenden Kirchen dem Evangelium und dem Willen Christi mehr gemäß sei. Das ist eine Sache für sich. Sondern es geht um eine Frage der sprachlichen Sauberkeit und allenfalls um die Übereinstimmung zwischen der Wirklichkeit und den

Namen, die wir ihr geben. Bietet sich dafür eine Möglichkeit? Es wird heute ohne weiteres anerkannt, daß „Christentum" und „Kirche" nicht mehr einfach deckungsgleich sind. Noch viel mehr trifft das für die Begriffe „Christenheit" und „Kirche" zu. Die offizielle Theologie befaßt sich nur mit der Kirche und dem Kirchenbegriff. Die Christenheit wird, so gut es geht, im Kirchenbegriff untergebracht oder ihm zugeordnet. Die Christenheit gibt es zwar wirklich; sie ist eine unübersehbare Größe. Aber die zünftige Theologie nimmt keine Notiz davon. Sie kennt nur einzelne Christen oder die Kirche oder Kirchen. Der Ausdruck „Christenheit" ist theologisch nichtssagend. Sie ist zwar etwas real Daseiendes, aber nur für den Religionsstatistiker. Die Theologie vermochte diesem Phänomen bisher keinen Sinn abzugewinnen.

Es scheint aber, daß die Zeit dafür gekommen ist, die theologische Bedeutung des Phänomens Christenheit neu zu bedenken und zu erfassen. Dabei wäre davon auszugehen, daß es sich hier nicht um etwas erst zu Verwirklichendes handelt (wie es etwa bei der Wiedervereinigung der Kirchen oder bei der Schaffung einer Art Überkirche der Fall wäre), sondern um etwas Bestehendes, das als Bestehendes vielleicht nicht jedes theologischen Sinns bar ist. Oder sollte die Christenheit als ganze, wie sie sich heute darstellt, nur mißglücktes Christentum sein? Sollte der, nach dessen Namen sich alle Christen nennen, am Eigensinn seiner Glieder einfach gescheitert sein? Ich vermute: wenn eines Tages das Phänomen Christenheit auch theologisch etwas bedeutet, wird man wieder wissen, was „katholisch" heißt. Katholizität wäre dann nicht mehr nur der Anspruch einer Kirche oder verschiedener Kirchen, sondern eine Feststellung, in der das, was im Phänomen Christenheit schon da ist, theologisch angenommen und bejaht würde. Das braucht keineswegs auf eine Anerkennung der Kirchenspaltungen hinauszulaufen, sondern es könnte sich darum handeln, eine konkrete geschichtliche Problematik zu würdigen und die Situation der Christenheit von dem her zu interpretieren, der die Geschicke seiner Herde auch in den letzten neunhundert Jahren gelenkt haben dürfte.

Die ökumenische Realität

Es gibt eine Reihe von Hinweisen dafür, daß derartige Überlegungen kein bloßer Wunschtraum mehr sein müssen. In den letzten Jahren ist unübersehbar etwas kirchengeschichtlich Neues in Erscheinung getreten. Die getrennten Kirchen nennen sich gegenseitig Kirchen. In amtlichen Verlautbarungen tituliert man sich „Bruder“ und anerkennt damit eine Art zwischenkonfessioneller „christlicher“ Bruderschaft, die sich von allgemein menschlicher Brüderlichkeit abhebt. Die Konfessionen bezeugen sich gegenseitig ihre Verbundenheit in Christus; sie sind nicht mehr nur faktisch daseiende Christenheit (was nicht wenig wäre), sondern haben sich darüber hinaus ein Gemeinschaftsbewußtsein geschaffen. Man mag darin etwas Fragwürdiges sehen, eine zwielichtige Haltung, in der man Einheit praktiziert, ohne den Gegenstand der Einheit theologisch ausdrücken zu können. Aber sollte nicht endlich auf die Banner der Christenheit, der ökumenischen Bewegung zumal neben „Einheit“, die bisher den Blick eher einengte, das Wort „Ganzheit“ geschrieben werden?
In einer denkwürdigen Verlautbarung eines nordamerikanischen Erzbischofs auf dem Konzil heißt es: „Eben haben wir es noch für eine Errungenschaft gehalten, daß wir uns nicht mehr Häretiker nennen, sondern getrennte Brüder, aber schon gefällt uns auch dieses Wort nicht mehr. Wir suchen ein anderes Wort für die ökumenische Realität, in der wir leben.“
Ich meine, man könnte diese ökumenische Realität, die man gar nicht unbedingt mit der ökumenischen Bewegung gleichsetzen sollte, als den Anfang einer realhistorischen Katholizi-

tät begreifen, dergestalt, daß das dritte Merkmal sich bereits ein Stück Wirklichkeit geschaffen hat, das vom theologischen Denken noch nicht eingeholt ist. Die Wirklichkeit pflegt den Definitionen vorauszueilen.

Man kann sich natürlich fragen, ob die „neue ökumenische Realität", die dadurch entstanden ist, daß die Christenheit sich intensiv als Christenheit erfährt, gerade mit dem Ausdruck „katholisch" bezeichnet (und belastet) werden soll. Man spricht heute lieber von Ökumenismus. Aber das ändert nichts daran, daß wir nicht an die ökumenische, sondern an die „katholische" Kirche Christi glauben. Aus historischer Sicht empfiehlt sich gerade das Wort „katholisch" zur Bezeichnung der gemeinten Sache. Man muß es nur von seiner ursprünglichen Bedeutung und Anwendung her verstehen. Es bezeichnet dort, wo es erstmals greifbar wird (das ist im zweiten Jahrhundert der Fall), eine konkrete Realität und nicht etwa einen Anspruch, nämlich im Gegensatz zu den lokalen und partikulären Kirchen, die sich um den Bischof bilden, die Gesamtkirche Christi. Diese Gesamtkirche fängt im zweiten Jahrhundert eben an, sich ihrer selbst im Sinne einer Zusammengehörigkeit ihrer Teile bewußt zu werden. Es gab also eine zwischenkirchliche Verbundenheit, und diese wurde durch das Wort „katholisch" bezeichnet. Katholisch war das Ganze, alle Umfassende. „Katholische" Kirche war die Gemeinschaft der Christusgläubigen, das „Wir der Christen", das „Wir der Getauften".

Es gibt ganz gewiß kein Zurück in jene frühlingshaften Tage, in denen die Zusammengehörigkeit stärker empfunden wurde als die Verschiedenheit. Aber man könnte wenigstens die neu erfahrene Verbundenheit, Gemeinsamkeit und Solidarität, die im Phänomen Christenheit zum Ausdruck kommt, wieder vom alten, ehrwürdigen Namen der Catholica her zu begreifen suchen. Sie würde gestatten, Einheit als Ganzheit der Verschiedenen und nicht als Uniformität der Gleichgeschal-

teten zu begreifen. Man brauchte dafür nicht etwas Neues zu schaffen oder wie gebannt in eine Zukunft zu starren, als ob von ihr das Heil käme, sondern gewissermaßen nur sich selbst, so wie es jetzt ist, etwas mehr ernst zu nehmen. Das ist auf den ersten Blick nicht viel, aber es ist vielleicht das Höchste, was zu erreichen ist.
Ich möchte zum Abschluß ein Wort von Johann Adam Möhler anführen, das um die Mitte des letzten Jahrhunderts bereits niedergeschrieben wurde: „Zwei Extreme im kirchlichen Leben sind möglich, und beide heißen Egoismus. Sie sind: wenn ein jeder oder wenn einer alles sein will. Im letzten Fall wird das Band der Einheit so eng und die Liebe so warm, daß man sich des Erstickens nicht erwehren kann. Im ersten fällt alles auseinander, und es wird so kalt, daß man erfriert. Der eine Egoismus erzeugt den anderen. Es muß aber weder einer noch jeder alles sein wollen. Alles können nur alle sein. Das ist die Idee der katholischen Kirche.“

Gegen Wiedervereinigung – für Einheit

Als ob Wiedervereingung alles wäre

Das Wort „Wiedervereinigung" hat für den Menschen unserer Zeit einen Zauberklang. In allen möglichen Zusammenhängen und Schattierungen tritt es auf. Das reicht von der Wiedervereinigung von Staaten und Völkern über die Wiedervereinigung der Kirchen und der Christen und anderer Gruppen bis hinein in Einzelschicksale, die unter der Erfahrung des Gespalten- und Zerrissenseins leben und leiden. In diesem Zauberklang überwiegen freilich die dunklen und schmerzvollen Töne, und es mischt sich Schrilles und Kurzatmiges darunter, wie bei einem Instrument, das aus qualvoller Atemnot überblasen wird. Mit Optimismus oder Pessimismus hat das nichts zu tun. Optimismus und Pessimismus wechseln sich ab entsprechend den Aussichten auf äußeren Erfolg. Heute überwiegen auf dem Gebiet kirchlicher Wiedervereinigung noch optimistische Töne. Das wird sich vermutlich wieder ändern. Aber Optimismus und Pessimismus können sich nur gegenüber einem Ziel einstellen, das man verfolgt. Dieses Ziel heißt heute auf eine überraschend fraglose Weise Einheit und Wiedervereinigung. Überall, nicht nur auf kirchlichem Gebiet, erscheint „Wiedervereinigung" als etwas besonders Vordringliches und Wünschenswertes. Es ist wohl eine Art Denkzwang, unter den man hier geraten ist – ein Zwang, der unser Denken und Wollen wie unter Hypnose zu bestimmten Wertungen und Zielsetzungen zwingt. So braucht sich das Wort „Wiedervereinigung", als Ziel und als Programm genommen, kaum mehr zu rechtfertigen. Es

hat im allgemeinen Bewußtsein die Vorgabe der Überzeugung.
Die Christen und die christlichen Kirchen machen da keine Ausnahme. Im Gegenteil. Sie begrüßen diesen Trend und diesen Denkzwang als etwas, was durch die Vorsehung unserer Zeit geschenkt wurde und was den Einsatz der besten Kräfte verdient. Will nicht der christliche Glaube die Einheit? Verlangt nicht das Neue Testament, es sollen alle eins sein? Ist das Evangelium nicht fast unglaubwürdig geworden dadurch, daß die Christen und die christlichen Kirchen das Gebot der Liebe und der Einheit verletzt haben, so schlimm wie irgendein anderer? Der Friede unter den Menschen ist allen aufgetragen, in besonderem Maße aber den Christen. Es ist schlimm genug, wenn sie ihn verletzen. Noch schlimmer aber ist es, wenn sie nicht einmal mit sich selber im Frieden auskommen und sich nur in guten Stunden Brüder nennen mögen. Daß wenigstens sie endlich unter sich eins seien, ist eine berechtigte Erwartung. Von daher erscheint das Einheitsstreben als gut begründet und die Einheit als ein sehr dringliches Ziel.

Einheitsmodelle

Doch was heißt Einheit? In dem Wort Einheit steckt die Zahl Eins. Das Problem ist, wie aus vielen Verschiedenen eine Eins werden kann. Es gibt verschiedene Einheitsmodelle und verschiedene Verfahrensweisen, um aus einer Vielheit eine Einheit zu machen. Entscheidend ist, daß das richtige Baugesetz gefunden wird, das die Teile zu einem Ganzen integriert.
Im Bereich des Menschen sind verschiedene Einheitsmodelle denkbar. So gibt es totalitäre Gesellschaftsformen, die ein sehr hohes Maß an Einheit erreichen, indem sie den Menschen uniformieren. Solche Einheit durch Uniformität geht auf Ko-

sten der Person. Je perfekter solche Einheit praktiziert wird, desto unmenschlicher wird sie. Und umgekehrt gilt: je menschlicher sie sich gibt oder geben muß, desto unvollkommener ist dieses Modell von Einheit realisiert.
Es gibt andere, differenziertere Einheitsmodelle, die die Würde der Person besser respektieren. Man kann sie in zwei Gruppen einteilen, je danach, ob sie die Einheit als etwas äußerlich Feststellbares und Organisierbares verstehen oder aber als etwas, was durch innere Bindung zustande kommt. Wenn man sich fragt, welche Form von Einheit spezifisch christlich ist, fällt die Antwort nicht schwer. Ohne daß äußere Einheitsformen dadurch ausgeschlossen wären, muß man zunächst sehen, daß hier die innere Bindung die entscheidende Rolle spielt. Es ist die innere Bindung an denselben Herrn und an die Verheißungen und Gebote des Evangeliums, die die Christen zu Christen macht. Das begründet eine innere Zusammengehörigkeit, auf Grund der sie sich Brüder nennen dürfen.
Damit ist allerdings noch nicht gesagt, wie eine solche Einheit in Form von Zusammengehörigkeit durch religiöse Bindung sich praktisch auswirkt. Ganz allgemein wird man sagen müssen, daß gerade von dieser inneren Bindung ein Impuls ausgehen muß, der das menschliche Zusammenleben unter das Zeichen der Brüderlichkeit stellt. „Einheit" bestünde dann, nüchtern gesehen, darin, daß man sich verträgt, daß man sich hilft, daß man sich achtet und liebt, daß man zusammenarbeitet, daß man sich füreinander verantwortlich weiß. Damit ist eine Form von Einheit gegeben, die man ebensogut oder vielleicht besser Gemeinschaft, Solidarität, Brüderlichkeit nennen könnte.

Von daher muß man die Einheitsmodelle überprüfen, die bewußt oder unbewußt der ökumenischen Bewegung zugrunde liegen. Einheit der Christen wird oft verstanden als Einheit unter einer einzigen Kirchenleitung oder als organisatorischer Zusammenschluß der verschiedenen Kirchen. Aus zwei oder aus zweihundert Kirchenorganisationen würde dann eine einzige werden. Solche Einheit mag ihre Vorteile haben, aber sie ist, strenggenommen, eine organisatorische Angelegenheit. Fast könnte man manchmal sagen: die Christen wollen endlich Frieden untereinander, Verträglichkeit und Zusammenarbeit, aber die Kirchenleitungen interpretieren dieses Einheitsstreben quantitativ, indem sie die Einheit durch Wiedervereinigung erreichen wollen. Man verwechselt Einheit mit Wiedervereinigung.
Eine einzige Kirchenorganisation könnte zweifellos die Solidarität der Christen fördern und neue Möglichkeiten erschließen. Man darf annehmen, daß die äußerlich Zusammengeschlossenen auch innerlich sich zusammengehörend fühlen würden. Was im besten Falle herauskommen müßte, wäre aber nicht der Einheitschrist, sondern die Einheit der Christen. Die Einheit oder Gemeinschaft der Christen kann also zweifellos bis zu einem gewissen Grade organisiert werden, sie besteht aber nicht einfach in einer Einheitsorganisation. Es wird sich nachher noch zeigen, daß gerade die Organisation der Einheit die Gefahr mit sich bringt, die Gemeinschaft zu zerstören, weil Organisationen gewöhnlich dem Gesetz folgen, nach dem sie angetreten sind, und dieses heißt: organisatorische Vereinheitlichung.
Doch zunächst möchte ich noch etwas zur Problematik des Einheitsbegriffes sagen. Es gibt alte Mythen, die erklären wollen, wie es dazu kam, daß der Mensch als zweigeteiltes Wesen, als Mann und Frau, existiert. Der Mensch war dem-

nach ursprünglich eines und ungeteilt. Ein fatales Geschick hat ihn in seiner irdischen Existenz in zwei Hälften auseinandergerissen. Ganze Heilslehren haben darauf aufgebaut und haben Wege ersonnen, wie die getrennten Menschenhälften wieder zusammengefügt werden können in die ursprüngliche und selige Einheit des einen, ganzen und ungeteilten Menschen.

Solche „Wiedervereinigung" ist vielleicht ein fernes und jenseitiges Ziel, aber kein konkretes Programm. Einheit hingegen, nicht durch Wiedervereinigung im Sinne des Mythos, also als Aufhebung der Zweigeschlechtlichkeit, sondern Einheit durch das Band personaler Liebe, ist gerade dem geteilten Menschen möglich, der jedoch er selbst bleiben muß, wenn er dem anderen ein Du sein können soll.

Von daher fällt ein bezeichnendes Licht auf die ökumenischen Einheitsbewegungen. Wo nicht einfach materielle Interessen das Handeln dirigieren, hat das Wiedervereinigungsstreben oft etwas Utopisches und Mythisches an sich. Einheit ist ein Urtraum des Menschen. Der ihm zugeordnete Kurzschluß lautet: Einheit durch Wiedervereinigung. Das ungleich realistischere, dem menschlichen Dasein angemessene, viel schlichtere und schwierigere Präzept der Bibel hingegen ist nicht Einheit durch Wiedervereinigung, sondern: Gemeinschaft durch das Band der Liebe. Gewiß, auch solche Gemeinschaft und Liebe drängen zur Form; und von daher darf man die Bemühungen, die Einheit der Christen zu organisieren, nicht geringschätzen. Aber ein unreflektiertes Wiedervereinigungspathos, das Zusammengehörigkeit meint, aber Vereinheitlichung betreibt, ist eine fragwürdige Sache. Man kann gewiß nicht sagen, die bisherige Geschichte des Christentums und das Bild, das es heute bietet mit seinen über zweihundert Kirchen und Denominationen, sei etwas sehr Anziehendes und Geglücktes. Aber so einfach ist es auch nicht, daß man die Spaltungen als ein Produkt von Dummheit und Bosheit abtun darf. Es ist vielmehr nötig, zu begreifen, daß das geschichtlich Gewordene trotz aller äußeren Gegensätzlichkeit im Innersten zusammengehört. Diese Einheit und Zusammengehörigkeit und die Gründe, weshalb sie sich in Gegensätzen äußert, gilt es zu erfassen. Man wird dann dahin gelangen, im Gegensatz und im Anderssein keinen Anlaß für Feindschaft mehr zu erblicken. Die Feindschaft muß beendet werden. Das Gemeinsame und die Zusammengehörigkeit muß in neue Formen gefaßt werden. Aber das bedeutet nicht, daß man zweitausend Jahre Geschichte auslöschen und hinter die Erfahrung der Pluralität und des Gegensatzes zurückgehen könne.

Die Wahrheit in den geteilten Kirchen

Ich möchte das an einem ganz bestimmten Punkt verdeutlichen, nämlich am Schicksal der christlichen Wahrheit in den geteilten Kirchen. Die christliche Botschaft, wie sie die Heilige Schrift bezeugt, scheint etwas Einfaches und Eindeutiges zu sein. Jedes Kind kann das Gleichnis vom barmherzigen Samariter oder die Auferstehungsbotschaft verstehen. Im Laufe der Zeit aber wurde, wie es scheint, alles sehr kompliziert und, was schlimmer ist, es bildeten sich verschiedene Theologien und verschiedene Konfessionen und Kirchen heraus, in denen sich das Christentum jeweils sehr verschieden darstellt. Im evangelischen Religionsunterricht bekommen die Kinder etwas anderes gesagt als im katholischen, trotz vieler Gemeinsamkeiten. Das ist vielen ein Ärgernis, denn sie verstehen nicht, wie die christliche Wahrheit in verschiedener Form und Gestalt auftreten kann. Eine konfessionalisierte Wahrheit scheint entweder keine Wahrheit oder zumindest eine einseitige und damit halbe Wahrheit zu sein. Das fällt besonders auf, wenn man eine Universität betritt, in

der es zwei theologische Fakultäten gibt. Was sollen zwei Theologien auf der Universität, wo doch höchstens eine richtig sein kann? Zwei theologische Fakultäten nebeneinander unter dem gleichen Dach, das scheint des Guten zu viel zu sein, nicht nur ein Luxus, sondern ein Unsinn. Und wenn jede konfessionell gebunden ist, dann entsteht der Eindruck, daß sie nicht der Wahrheit dienen, sondern ihrer Konfession. Auch hier bietet sich der einfache Ausweg an, durch Zusammenlegung und Wiedervereinigung der gespaltenen Fakultäten die Einheit der Theologie und damit die Einheit der christlichen Wahrheit wiederzufinden.
Solche Überlegungen sind immer wieder aufgetreten. Auch heute sympathisiert man mit ihnen. Aber dagegen spricht mehr, als man zunächst denken würde. Zunächst einmal ist zu sagen, daß es jene Einheit, die vielen vorschwebt, also Gleichförmigkeit und Übereinstimmung im Denken und Verstehen, niemals gab. Wenn schon, dann müßte man von Vereinigung, nicht von Wiedervereinigung sprechen. Wer etwas tiefer eindringt in die Heilige Schrift, wird bald gewahr, daß dort keine Einförmigkeit herrscht. Einig ist man sich nur im Bekenntnis zu Jesus dem Christus, in dem das Heil ist. Aber dann geht es schon auseinander in die Vielfalt der Verstehensweisen, eine Vielfalt oft sehr gegensätzlicher Natur. Daß der Buchbinder diese verschiedenen Texte und Zeugnisse zu einem einzigen Buch zusammenbinden kann, besagt einerseits, daß bei aller Verschiedenheit doch eine fundamentale Einheit besteht, andererseits aber, daß gerade diese Einheit sich in einer Vielzahl verschiedener Zeugnisse manifestiert. Von daher ist so etwas wie ein christlicher Pluralismus grundgelegt, der freilich durch eine starke innere und auch äußere Klammer zusammengehalten wird, anders als heute, wo die äußere Klammer in den Kirchenspaltungen fast verlorengegangen ist.
Auch in der alten Kirche und herauf bis in die Neuzeit bot

das Christentum ein Bild reicher Vielfalt. Es bildeten sich Theologien und theologische Schulen heraus, die der einen Wahrheit auf sehr verschiedene und oft gegensätzliche Weise dienten. Es ging dabei weniger um Differenzen in Einzelfragen, als vielmehr um den Versuch, das Ganze des Christentums je anders zu fassen und darzustellen. Das war nur möglich, solange eine gewisse Freiheit herrschte, in der abweichende Meinungen und Auffassungen geduldet wurden oder werden mußten, weil die Mittel zu strengerer Vereinheitlichung und Uniformierung fehlten.
Das wurde in der Neuzeit anders. Hier bildete sich heraus, was wir als unmittelbares Erbe übernommen haben: Kirchen, die nach innen mit Strenge auf Einheit und Gleichförmigkeit achten, die aber eben, nachdem im Innenraum Vielfalt und Gegensatz nicht mehr möglich waren, nach außen verschiedene und sehr verschiedenartige Kirchen und Konfessionen hervorbringen, die sich gegenseitig nicht anerkennen, die aber das neuzeitliche Christentum in seiner zerrissenen geschichtlichen Erscheinung ausmachen. Man gewinnt den Eindruck, daß die innere Pluralität in dem Maße, in dem sie unterdrückt wurde, sich einen Ersatz schuf in der äußeren Pluralität der Kirchen und ihrer Theologien. Was im Innenraum verwehrt wurde, schoß nun außen ins Kraut.

Notwendige Gründe der Spaltung

Man könnte sich nun fragen, woher diese Tendenz zur Vielfalt und zum Gegensatz kommt. Liegt es an der Unverträglichkeit und Selbstsucht der Menschen? Liegt es am Rechthabenwollen und an der Unduldsamkeit? Gewiß auch. Aber die eigentlichen Ursachen liegen tiefer. Es ist im letzten die Endlichkeit und Geschichtlichkeit des Menschen, dessen Erkennen sich in Gleichnissen und Rätseln bewegt und dessen Wis-

sen Stückwerk ist. Das Eine, Ganze kann keiner erkennen und keiner tun. So kommt es, daß Teilerkenntnisse und Teilverwirklichungen entstehen und miteinander in Konflikt geraten.
In besonderem Maße gilt das für die letzten Fragen nach dem Woher und Wohin des Menschen. Die Antwort, die die Offenbarung darauf gibt, wird im Glauben ergriffen. Aber dieser Glaube ist weniger ein Wissen als ein Wagnis. Der Glaubende wagt es, die Botschaft und die Verheißung als Offenbarung zu ergreifen. Aber wie soll man das unaussprechliche Geheimnis, in das der Mensch sich gründet, in Worte fassen? Jede Theologie ist in bezug auf diese Wirklichkeit notwendig unzureichend. Keine Sprache und kein Denken kann die Sache Gottes so eindeutig und vollständig zur Sprache bringen, daß man nicht auch noch einmal alles ganz anders sagen könnte. Wer das nicht anerkennen würde, würde Theologie mit Offenbarung gleichsetzen.
So geschieht das Nachdenken über die Sache des Glaubens, welches Theologie heißt, auf sehr verschiedenfältige Weise. Theologie vollzieht sich notwendigerweise in Theologien. Das bedeutet, daß es gar keine Einheit der Theologie im Sinne von Einförmigkeit und Gleichartigkeit geben kann, oder, was dasselbe heißt: Theologie kann wesensmäßig nicht als geschlossenes System gedacht werden. Der Grund dafür ist aber nicht der, daß die Theologen Dinge behaupten, die man nicht nachprüfen kann, weshalb jeder etwas anderes daherredet. Das gibt es auch. Aber es wäre oberflächlich, wenn man die theologischen Gegensätze darauf zurückführen würde.
Ebenso oberflächlich und ahnungslos wäre es, wenn man sagen würde: wo der Glaube sich zum selben Herrn bekennt und das Herz die gleichen Güter liebt, müsse man auch dahin kommen, daß alle dasselbe denken, damit die *eine* Wahrheit sich in *einer* Theologie darstelle.
Eine Möglichkeit, die ärgerlichen Gegensätze zu beseitigen,

könnte nun darin bestehen, daß man die Vielfalt in der Erscheinung des Christlichen als ein harmonisches Neben- und Miteinander begreift. Ein Akkord entsteht durch den Zusammenklang verschiedener Töne. So könnte man an einen friedlichen und ausgesöhnten Zusammenklang der verschiedenen Auffassungen und Theologien denken. Man könnte die konfessionellen Ausprägungen mit Freude als gleichberechtigte Zweige am einen Baum der christlichen Wahrheit verstehen wollen. Aber dagegen spricht, daß um der Wahrheit willen nicht alle recht haben können, wenn sie Gegensätzliches behaupten. Daß keiner alles sagen kann, heißt noch nicht, daß jeder recht haben muß. Außerdem ist es so, daß ganzheitliche Entwürfe und Sinndeutungen nicht einfach miteinander ausgesöhnt werden können. Sie müssen ihre Wahrheit beweisen, indem sie sich bewähren. Dazu bedarf es der Auseinandersetzung.

Ein unabschließbarer Prozeß

Mit dem Wort „Auseinandersetzung" ist vielleicht das entscheidende Stichwort gegeben. Der menschliche Geist bedarf des Gegensatzes und der Auseinandersetzung, so unbequem das auch sein mag. Auseinandersetzung ist der Vater aller Dinge. Im Gegensatz der Kräfte und Elemente besteht das Leben. Geist lebt vom Gespräch mit anderem Geist, und der Weg des Geistes ist immer auch der Umweg über den anderen, fremden Geist. Auch aus dieser Sicht kann man sagen, daß es für den Vollzug von Theologie verschiedene Theologien geben muß.

Es wäre aber noch alles relativ einfach, wenn die Theologen nur die Aufgabe hätten, festzustellen, was in der Bibel geschrieben steht. Hier müßte man schließlich zu gesicherten Ergebnissen kommen, die man festhalten könnte als einen

wertvollen Besitz. Aber es genügt nicht, festzustellen, was einmal gewesen ist. Der Glaubende will wissen, was die Wahrheit der Offenbarung jetzt ist. Mit Ergebnissen von gestern kann man keine Fragen von heute beantworten. Die christliche Botschaft ist in ihrem Kern zwar unveränderlich. Aber was sich aus dieser Botschaft ergibt, muß je und je für neue Zeiten neu erarbeitet werden. Insofern ist die christliche Wahrheit nicht etwas ein für allemal Fixiertes, das einfach weiterzugeben und zu vervollkommnen wäre, sondern sie ist einem Prozeß unterworfen dadurch, daß der Mensch, seine Fragen und seine Verstehensmöglichkeiten, sich wandelt. Außerdem betreffen die Fragen, die wir haben, in erster Linie die Zukunft. Was hat der Christ für die Welt von morgen beizutragen? Nun, die Zukunft ist unbekannt. Man kann sie durch Prognosen zu erfassen suchen. Man kann, was mehr ist, sie bewußt planen und schaffen wollen. Dazu gehört Phantasie, Wagemut, Wissen und Verantwortung, neben der den Christen auszeichnenden Treue zu seinem Ursprung. Das alles sind Eigenschaften und Merkmale, die dort am besten gedeihen, wo ein freies Spiel gegensätzlicher Kräfte die Anlagen fördert und entfaltet. Einförmigkeit und Einheitlichkeit wären nur dann möglich, wenn die Zukunft bekannt wäre oder wenn ein bestimmtes Zukunftsideal so überzeugend wäre, daß alle sich ihm fügen. Das ist unmöglich. Hier zeigt sich Einheit in der Theologie, indem jeder seinen Teil beiträgt im Prozeß des Ganzen. Dieser Prozeß ist unabschließbar, solange die Geschichte dauert.
Ein Einheitsbegriff im Sinne der Uniformität will diese Unabschließbarkeit nicht wahrhaben. Er tötet das Geschehen der Wahrheitsfindung, indem er Schluß macht mit den Gegensätzen. Theologisches Denken wird hier, der Einheit zuliebe, in die Einzahl versetzt. Schon manche Kirche hat das mit ihren Theologen gemacht. Eine einzige, wiedervereinigte, uniformierte Superkirche könnte es theoretisch mit allen ma-

chen. Das wäre nicht wünschenswert, ganz abgesehen davon, daß es illusorisch wäre, weil der Geist, auf die Dauer gesehen, daran sterben würde und deshalb naturgesetzartig Abhilfe schaffen würde.

Nun könnte man sagen, daß dies alles: Gegensatz und Verschiedenheit, theologische Schulen und andere organisierte oder nichtorganisierte Tendenzen, Mentalitäten und Richtungen, in *einer* Kirche möglich sei. Dort könnten sich Formen der Koexistenz entwickeln, die, anders als bisher, den Andersdenkenden nicht in die Wüste schicken. Also eine Kirchenverfassung und eine Kirchenwirklichkeit, die größere Spannungen zu verkraften in der Lage ist. Ihre Verwirklichung könnte eine andere Praxis der Duldung und eine andere Form der Verwaltung mit sich bringen, die ihre Macht nicht dazu benutzt, ihre Akte am Modell der Einförmigkeit auszurichten.

Man braucht kein arger Pessimist zu sein, wenn man dieser Möglichkeit vorerst geringe Chancen einräumt. Das liegt nicht an der Bösartigkeit der verantwortlichen Kirchenleitungen, sondern an Gesetzmäßigkeiten, denen zu widerstehen Menschenkraft übersteigt. Unsere Zeit krankt daran, daß der Einheitswille sich in totalitären Systemen organisiert. Auf diese Weise sind auch die Konfessionen entstanden, die, um nach innen eins zu sein, nach außen die Spaltung in Kauf genommen haben. Eine neue, größere, noch mächtigere und ebenso einförmige Einheit wäre fatal. Das alte Lied würde von neuem beginnen, es sei denn, man würde neue Formen von Einheit ersinnen. Aber derartiges ist nicht in Sicht.

Unverwaltbare Komplementarität

Dagegen muß man sagen, daß die Lösung, zu der eine zweitausendjährige Geschichte die Christenheit geführt hat, nicht theoretisch, sondern praktisch, indem verschiedene Kirchen und Theologien sich um die eine christliche Sache mühen, die schlechteste nicht ist. Dazu ist es allerdings erforderlich, daß man dieses Resultat von zweitausend Jahren Christentum als Lösung betrachtet und nicht immer nur als etwas Mißglücktes.

Anstatt also über die Spaltungen und Gegensätze zu wehklagen oder sie kurzweg beseitigen zu wollen, sollte man sich zuvor Rechenschaft darüber geben, was damit zugrunde ginge. Gegensätzlichkeit ist die Erscheinungsweise, die Bauform und die Wirkstruktur des Lebens. Das kann man nicht einfach durch Wiedervereinigung abschaffen.

Wenn man diesen Gedanken weiterverfolgt, ergibt sich folgendes. Nach dem heutigen Stand der Dinge vollzieht sich die Wahrheitsfindung in der Theologie in den konfessionellen Theologien. Es gibt keine allgemein christlichen, sondern nur in Konfessionen beheimatete Theologen. Sie tun ihre Arbeit im Schutz und bis zu einem gewissen Grad auch unter der Aufsicht ihrer Konfession. Aber wie nun die Konfessionen zusammen das eine Christentum in seiner geschichtlichen Erscheinung ausmachen, ohne daß diese Einheit organisiert sein müßte, so gehören auch die Theologien in einer nicht mehr verwaltbaren gegenseitigen Komplementarität zusammen und bilden die eine, christliche Theologie. Dann sind die konfessionellen Theologien vielleicht lenkbar und theologiefremden Einflüssen ausgesetzt, aber die Theologie insgesamt gehorcht anderen Gesetzen.

So wie allein dank der Anwesenheit nichtkatholischer Beobachter auf dem Zweiten Vatikanischen Konzil manches gesagt und manches nicht gesagt und manches anders gesagt wurde, ohne daß die Wahrheit und die Treue zum eigenen Sein verletzt werden mußten, so arbeiten heute die konfessionell verschiedenen Forscher in dem Bewußtsein, ihre Arbeit nicht nur vor Kirchenbehörden und deren Einheitsmodell, sondern

auch vor einem Forum internationaler Wissenschaftlichkeit verantworten zu müssen. Wenn gleichwohl in einer bestimmten Frage sich Einmütigkeit ergibt, dann hat das um so größeres Gewicht.
Damit ist über die Wahrheitsnähe dieser oder jener Konfession und über die Wahrheit dieser oder jener Theologie noch nichts ausgemacht. Sie sind in bezug auf die Wahrheit einander auch nicht einfach gleich oder gleichwertig. Es ist nur gesagt, daß für die Wahrheitsfindung Meinung und Gegenmeinung, Experiment und Dialog, schöpferischer Neuansatz und Treue zum Überlieferten nötig sind, weil endliches Leben sterben müßte, sobald es in eine Struktur hineingeriete, die inneres Selbstgenügen voraussetzt. Daß trotzdem nicht einfach nur die Konfessionen ihre Besonderheiten und ihr Eigensein kultivieren dürfen, ohne Willen zum Wandel und zum Fortschritt und Wachstum, ist damit schon gesagt. Aber wenn der Wille zum Lernen und zum Dienst an der gemeinsamen Sache der Wahrheit vorhanden ist, dann sondert sich in dem gemeinsamen Prozeß der Wahrheitsfindung die Spreu vom Weizen ab. Viele konfessionelle Positionen, die früher als unaufgebbar galten, sind inzwischen lautlos geräumt. In der Auseinandersetzung besteht nur, was Lebenskraft und Überzeugungsmacht hat.

Die Feindschaft beenden

Noch einmal: es geht bei der Anerkennung des Lebensrechts der anderen nicht darum, allen recht zu geben und alle auf dieselbe Stufe zu stellen, sondern man muß um der Wahrheit und Freiheit und Fruchtbarkeit des theologischen Vollzuges willen das Muß der Spaltungen begreifen. Die Spaltungen dürfen aber nicht zu isolierten, sich verschließenden Einheiten, sondern zu konkurrierenden und komplementären Partnern führen. Das heißt: die konfessionelle Theologie muß, wenn sie ihren Auftrag erfüllen will, „in die Kraft des Gegners eingehen und sich in den Umkreis seiner Stärke stellen" (Hegel). Dafür ist es erforderlich, daß diese Kraft und Stärke existiert.

Dann können die verschiedenen Partner, gerade weil sie nicht vom gleichen Herrn abhängen, demselben Herrn dienen, nicht zuletzt deswegen, weil sie sich selber gegenseitig, demselben Evangelium verantwortlich, ein beständiger Pfahl im Fleische und eine unbestechlich kritische Instanz sind. Dafür ist allerdings auf der anderen Seite erforderlich, daß sie nicht unter Vorspiegelung der Tatsache, daß sie allein auf der Welt sind, im selbstgewählten Ghetto existieren. Die vorhandenen Gegensätze ermöglichen den Dialog; sie können ihn aber nicht garantieren und nicht ersetzen.

Gerade die katholische Theologie hat in der Bewertung der anderen Konfessionen und ihrer Arbeit einen bemerkenswerten Wandel durchgemacht. Seit dem Zweiten Vatikanischen Konzil gelten die anderen Christen auch offiziell nicht mehr einfach als Häretiker. Ihre Kirche wird Kirche genannt. Die katholische Kirche fordert sich selbst auf, die christlichen Güter, die sich bei den „getrennten Brüdern" finden, sollen mit Freude anerkannt und hochgeschätzt werden. Man weiß, daß man nicht nur gibt, sondern auch empfängt und lernt. Was die anderen sagen, muß nicht deswegen falsch sein, weil man es nicht selbst gesagt hat. Die Fairneß gebietet, zunächst einmal anzunehmen, der andere habe recht.

Aus alledem ergibt sich eine wichtige Forderung. Man sollte die überhaupt wünschbaren Ziele des Ökumenismus klarer überdenken. Man sollte gerade im gegensätzlichen Erscheinungsbild der Christenheit deren komplementäre Einheit besser erfassen, bevor man andere Einheitsmodelle auf die Altäre stellt. Man soll die Feindschaft beenden und die Gemeinschaft suchen. Dazu gehört, neben anderen Formen der Zusammenarbeit, daß man sich ernst nimmt und achtet, nicht nur menschlich, was leider auch nicht selbstverständlich ist, sondern in der Respektierung des Andersseins der anderen und des Gewichtes seiner Argumente. Bequem ist das nicht. Viel einfacher wäre es, sich auf das hohe Roß des eigenen Rechthabens zu setzen. Aber gerade hier besagt Einheit, daß man bereit ist, voneinander zu lernen. Im Mittelalter galt noch der Satz: Jede Wahrheit, wer immer sie sagt, ist vom Heiligen Geiste. Heute, wo man trotz gegenteiliger Beteuerungen viel mehr in soziologischen Ghettos lebt, wurde oft genug davon ausgegangen, daß nur der, der der eigenen Konfession angehört, aus dem Heiligen Geist reden und denken kann. Aber sind die, die „draußen" sind, deswegen einfach dumm, verbohrt, voreingenommen, liberal und unerleuchtet? Entscheidet die Konfessionszugehörigkeit über das Gewicht der Argumente? Muß man also nicht zuallererst sich dazu entschließen, das, was die anderen zum christlichen Glauben und zur christlichen Existenz zu sagen haben, zur Kenntnis zu nehmen? Vieles davon mag uns fremd und unannehmbar sein. Unsere eigene Vergangenheit ist uns vielfach nicht weniger fremd. Aber dieses Fremdheitserlebnis bei denen, die sich zum selben Herrn bekennen, kann die eigene Selbstsicherheit heilsam erschüttern und kann die Augen dafür öffnen, daß der Umgang mit der Wahrheit Mut erfordert.

THEOLOGIE

Theologie im Engpaß
Offene Theologie

Theologie im Engpaß

In der jüngsten Vergangenheit sind einige Fälle bekanntgeworden, in denen die Kirchenleitungen gegen Theologen vorgingen und Maßnahmen gegen sie ergriffen oder androhten. Das hat in einer breiteren Öffentlichkeit Aufsehen und Aufregung verursacht. Glaubte man doch in dem euphorischen Taumel nach dem Zweiten Vatikanischen Konzil, diese Dinge seien überholt und gehörten einer Vergangenheit an, der kaum jemand nachweint. Daß es früher Glaubensprozesse, Lehrzuchtverfahren, Inquisition und Bücherzensur gab, weiß man. Aber ist das jetzt nicht endgültig überholt? Muß man also derartige Maßnahmen nicht als bedauerliche Rückfälle beurteilen? Oder handelt es sich tatsächlich um Vorkommnisse, die dem Wesen und der Struktur der Kirche entsprechen und mit denen auch künftig zu rechnen ist?

Ein gestörtes Verhältnis

Die Fragen, die sich hier stellen, beziehen sich auf das Verhältnis von Theologie und Kirche. Was haben beide miteinander zu tun? Ist die Theologie eine kirchliche Wissenschaft, und wenn ja: Was heißt das? Untersteht die Theologie in ihrem Forschungs- und Lehrbetrieb kirchlichen Dienststellen, die sie überwachen und lenken müssen? Ist das Lehramt der Kirche zugleich ein Amt für theologische Lehre und theologische Forschung? Ist es so, daß das Kirchenamt nicht nur eingreifen kann, sondern auch eingreifen muß, wenn es den Glauben gefährdet sieht? Daß die moderne Theologie den alten Glauben in vielfacher Hinsicht gefährdet, kann nicht bestritten werden. Viele rufen deshalb nach dem Richter. Andere sind der Ansicht, die Wurzel aller Übel liege darin, daß die Theologie allzulange nicht denken und sagen durfte, was sie für nötig hielt. Daß ihr ein Maulkorb umgehängt wurde. Daß man sie zwang, anstehende Probleme zu verdrängen oder zu vertuschen anstatt sie zu lösen. Daß sie als Pseudowissenschaft sich gebärden mußte. Daß infolgedessen das, was sie zu sagen wußte, rechtgläubig und systemimmanent korrekt war, aber mehr oder weniger irrelevant.

Das Verhältnis von Theologie und Kirche und speziell das von Theologie und Lehramt war in der Neuzeit niemals so, daß man es als unproblematisch oder ungestört bezeichnen könnte. Die zahlreichen und vielfach unschönen Auseinandersetzungen zwischen Lehramt und Theologie, die wir aus der neueren Kirchengeschichte kennen, haben dem Ansehen der Kirche außerordentlich geschadet. Je nach dem Standort, den der Beobachter oder auch der Betroffene einnimmt, sucht er die Schuld auf der einen oder auf der anderen Seite. Es ist ein offenes Geheimnis, daß für viele Vertreter der kirchlichen Hierarchie ebenso wie für einfache Gläubige die moderne Theologie der eigentliche Schuldige ist, der Verwirrung stiftet, den Glauben gefährdet und die Frömmigkeit zerstört. Auf der anderen Seite gilt dagegen die Amtskirche vielfach als rückständig, ungebildet und herrschsüchtig.

Die Konflikte zwischen Lehramt und Theologie – ist es nicht paradox, daß der Theologie heute „ihr“ Lehramt abgesprochen wird und daß es ihr als „fremde“ Instanz gegenübertritt? – haben inzwischen ein kritisches Stadium erreicht. Diese Konflikte sind Ausdruck und Folge von Ansprüchen, die beide Seiten im Namen ihrer spezifischen Funktionen und Verantwortlichkeiten glauben erheben zu müssen. Das gewandelte Verständnis vom Sinn und den Vollzugsformen wissenschaftlich-theologischer Arbeit trägt dazu ebenso bei wie die geschärfte Verantwortung für das Ganze, die sich bei der Kirchenleitung findet. Wer die Probleme, um die es hier geht, etwas genauer kennt, wird Recht und Unrecht nicht einseitig verteilen können. Dafür sind die Dinge objektiv noch zu ungeklärt. Es ist deshalb unerläßlich, die diesbezüglichen innerkirchlichen Strukturen von Grund auf neu zu überdenken und zu ordnen.

Eher hitzig als sachkundig

Die bisherige Diskussion hat in diesen Fragen zweifellos wichtige und nützliche Gesichtspunkte erbracht. Aufs Ganze gesehen, muß man aber sagen, daß sie eher hitzig als sachkundig und sachdienlich geführt wurde. Das hängt mit den aktuellen Anlässen und ärgerlichen Umständen zusammen, durch die weitere Kreise auf das Problem gestoßen wurden. Es hat seine Ursache aber in einem erstaunlichen Mangel an Informiertheit und Sachkenntnis. Teils kennt man die wirklichen Verhältnisse nicht, teils will man sie nicht wahrhaben.
Aus der Sicht vieler Beobachter und vor allem der persönlich Betroffenen handelt es sich bei den Maßnahmen der Kirchenleitung gegen manche Theologen um ungerechtfertigte Übergriffe. Es wird der Vorwurf der Kompetenzüberschreitung erhoben. Denjenigen, die diesen Vorwurf erheben, schwebt offensichtlich das Leitbild einer freien, nur ihren eigenen Gesetzen und Gesetzmäßigkeiten gehorchenden theologischen Wissenschaft vor. Daß die Theologie dadurch, daß sie kirchliche und gläubige Wissenschaft ist und sein will, besondere Bindungen eingeht, wird kaum bestritten. Aber wo sie diese nicht in eigener Verantwortung wahrnehmen darf, sondern wo sie gleichsam „von außen“ durch mehr oder weniger wis-

senschaftsfremde Instanzen („Behörden") beeinflußt, autoritär reglementiert und gemaßregelt wird, erscheint dies als Unrecht.

Wer so urteilt, kennt die Verhältnisse schlecht, und zwar nicht nur die faktischen, sondern auch die ideologischen und die rechtlichen. Es gibt nämlich innerkirchlich zumindest bei den zentralen Instanzen eine Ordnungsvorstellung, mit der sich die genannten Maßnahmen nicht nur vertragen, sondern von der sie geradezu gefordert sind. Dieses Modell in seiner durchgebildeten Geschlossenheit und ausgeprägten Entschiedenheit ist verhältnismäßig unbekannt. Man nimmt nur die scheinbar unrechtmäßig restriktiven, in Wahrheit aber modell- und rechtskonformen Auswirkungen wahr.

Dieses theoretisch durchgebildete Modell über das Verhältnis der Theologie zum kirchlichen Lehramt wurde durch die beiden Päpste Pius XII und Paul VI scharf und klar formuliert. Sie hielten und halten sich in ihren Maßnahmen im Grunde sehr korrekt an die Rechte und Pflichten, die sich daraus für sie ergeben. Bedauerlicherweise ist diese Theorie oder dieses Modell der Kirchlichkeit der Theologie zu wenig bekannt. Von daher kommt es, daß man nur einzelne, sporadische, von Fall zu Fall mehr oder weniger milde oder auch harte, gemäßigte oder auch extreme Maßnahmen sieht, wo es in Wahrheit um ein System und um systemgerechtes Verhalten geht. Ob dieses „System" gut oder schlecht, richtig oder falsch ist; ob diese Theorie sachdienlich ist, kann und muß diskutiert werden. Aber zuvor sollte man sie kennen. Es ist nicht damit getan, mit konfusen Vorstellungen von „Kirchlichkeit" zu operieren.

Was heißt „Kirchlichkeit"? Wann ist ein Theologe „kirchlich"? Man vesteht darunter häufig eine Art Korpsgeist oder eine gewisse Loyalität gegenüber der Kirchenleitung oder auch ganz allgemein ein am Wohl der Kirche orientiertes Denken und Empfinden, verbunden mit dem Bewußtsein,

daß Evangelium, christliche Existenz und Kirche zusammengehören. Um so böser ist dann oft gerade bei wohlmeinenden Leuten die Überraschung, wenn in diesem Sinne „kirchlich" gesonnene Christen in Konflikt mit der Kirchenleitung geraten und womöglich aus der Kirche hinausgedrückt werden. In der Theologie kann sich das so auswirken, daß kirchenamtliche Instanzen, deren Sachwissen und fachliche Kompetenz unter Umständen zweifelhaft ist und jedenfalls selten der von Experten gleichkommen kann, in wissenschaftliche Fragen eingreifen und Urteile aussprechen, die wissenschaftlich nicht einsichtig begründet sind, sondern kraft Amtes und mit Autoritätsanspruch vorgetragen werden, bestenfalls auf Grund von mehr oder weniger geheimen Gutachten von Ratgebern, die nach Gutdünken ausgewählt wurden.
Umgekehrt kann man beobachten, daß diejenigen, die sich mit der amtlichen Verkündigung und Bewahrung des Glaubens betraut wissen, oft ein auffallendes Desinteresse an Resultaten der theologischen Forschung zeigen. Selbst gesicherte Forschungsergebnisse, die mit unsäglicher Mühe gewonnen wurden – etwa auf dem Gebiet der historisch-kritischen Forschung –, werden einfach ignoriert. Man nimmt sie, wenn überhaupt, dann nur sehr widerwillig zur Kenntnis. Man hat den Eindruck, daß der Amtsträger ohnehin und von vornherein alles schon besser weiß. Diese Resistenz oder Immunität von amtlichen Verkündigungsträgern gegenüber unerwünschten Ergebnissen der theologischen Forschung wirft Strukturprobleme auf, die es früher in dieser Weise nicht gab.

Wie der Heilige Vater sich die Theologie vorstellt

Wie also verhalten sich Theologie und Lehramt zueinander? Auf welche Weise dienen sie der Kirche und dem Glauben? Diese Frage findet durch Pius XII und vor allem durch Paul VI eine verblüffend klare, aber nicht hinreichend bekannte Antwort. Ich möchte sie nachfolgend skizzieren. Sie dürfte manches verständlich machen. Ich möchte noch bemerken, daß die Darstellung, die ich jetzt gebe, sich so, wie ich sie vortrage, in päpstlichen Reden und Verlautbarungen findet. Praktisch trage ich nur Zitate vor, ohne selbst zu interpretieren oder Stellung zu nehmen. Ich halte eine faire und kritische Diskussion dieses Modells für nötig. Aber zuvor muß man es, wie gesagt, kennen. Es handelt sich um folgende Punkte:

1. Die Kirche hat den Auftrag, das Evangelium oder das Wort Gottes allen Völkern und Menschen zu verkünden. Zu diesem Zweck haben die Apostel und ihre Nachfolger die Glaubensbotschaft von Christus ausgehändigt und anvertraut bekommen. Nicht die Gesamtkirche also und nicht die einzelnen Christen, sondern allein das Lehramt wurde mit dieser Aufgabe betraut, und *nur* es hat die Glaubensbotschaft zu treuen Händen übergeben bekommen.

Daraus ergeben sich Rechte und Pflichten für das Lehramt. In erster Linie handelt es sich darum, das Evangelium unverfälscht zu bewahren, zu verteidigen und auszulegen. Das ist von Rechts wegen und prinzipiell allein Sache des Papstes und der Bischöfe, die die Erben und Wächter des anvertrauten Schatzes der Wahrheit sind und das Volk Gottes mit Autorität lehren müssen. Sie allein sind kraft göttlichen Rechtes die einzigen Lehrer in der Kirche. Ihnen ist nicht nur das Amt, sondern auch die himmlische Wahrheit selbst anvertraut worden.

2. Das Lehramt hat nicht nur die negative Aufgabe, das Evangelium rein zu erhalten und vor Verfälschungen zu schützen. Es muß selbst positiv aufhellen und herausbringen, was in den Glaubensdokumenten nur einschlußweise und trübe enthalten ist. Ihm kommt also nicht nur eine überwachende und korrigierende, sondern eine positive und aktive Aufgabe zu. Diese bezieht sich nicht nur auf das Evangelium im engeren

Sinn, sondern auf die ganze menschliche Aktivität, sofern sie religiöse und moralische Interessen berührt. Auch für das Naturgesetz hat Christus die Apostel und ihre Nachfolger als sichere Wächter und Interpreten eingesetzt, und sie dürfen auch hier liebende und bereitwillige Zustimmung und demütigen Gehorsam bei den Gläubigen erwarten.

3. Das Lehramt kann seine schwierige Aufgabe nur deshalb wahrnehmen, weil der Beistand des Heiligen Geistes mit diesem Amt verbunden ist. Es besteht eine absolute Bindung des Heiligen Geistes an das Wort des lehrenden Papstes. Dieser Beistand ist um so wirksamer, je höher der betreffende Träger der Lehrgewalt steht und je stärker er seine Lehrautorität einsetzt. Es gibt somit eine göttliche Bürgschaft dafür, daß die kirchliche Lehre nicht vom Worte Gottes abweicht. Aus diesem Grunde können die Päpste für ihre Lehren innere, religiöse Zustimmung von allen Gläubigen verlangen. Das gilt auch für die Lehre der Enzykliken, weil die Stimme der Päpste und die Stimme Christi hier identisch sind gemäß dem Wort: „Wer euch hört, der hört mich."

4. Auf Grund seiner positiven und aktiven Tätigkeit leuchtet das Lehramt wie ein Stern der christlichen Wahrheitserkenntnis voran. Doch es ist nicht nur schöpferisch tätig. Es muß auch die christliche Wahrheit bewahren und schützen und für lehrmäßige Orthodoxie und für die Korrektheit der theologischen Sprache sorgen. Das geschieht bis in Sprachdisziplin und Sprachregelung hinein. Die Theologie selbst unterliegt von Rechts wegen der Überwachung. Sache des Lehramtes sind Lehrvorsehung und prüfende Umschau, also das Inquisitions-, Überwachungs- und Steuerungsrecht auch für das, was in theologischen Vorlesungen mündlich vorgetragen wird. Dem Lehramt stehen Mittel und Wege zu Gebote, um über die Lehre der Dozenten sichere Nachforschungen anstellen zu können. Das hat mit Mißtrauen und Verdächtigung nichts zu tun. Im Gegenteil: Wer lehren darf,

genießt Hochschätzung und Vertrauen. Aber das Lehramt muß seinen Führungs- und Überwachungsaufgaben nachkommen. Wenn der Heilige Stuhl nachforscht und wissen will, was in Seminaren und Universitäten in Fragen, die mit seiner Kompetenz zu tun haben, getan und gelehrt wird, so entspricht das nur seinem Auftrag und seiner Pflicht. Das gilt für ordinierte Theologen. Was aber die Laien betrifft, so können auch diese zur Hilfe herangezogen werden. Sie bleiben aber der Autorität, Führung und Überwachung des Lehramtes unterstellt. Es gibt keine Laientheologie eigenen Rechts und wird es nie geben.

5. Nicht nur die äußere Gewalt über Theologen und Theologie hat das Lehramt, sondern es ist auch innere Norm der theologischen Arbeit und der theologischen Wahrheit, und zwar unmittelbare und allgemeine Norm in formaler wie inhaltlicher Hinsicht. Zwar steht das Lehramt nicht über dem Worte Gottes. Aber es steht über allen, die sich mit ihm direkt oder indirekt befassen.

6. Damit kommen wir auf den entscheidenden Punkt, der als Schlüssel für das Verständnis einiger schockierender Formulierungen anzusehen ist. Der Theologie wird nämlich das Recht abgesprochen, sich selbst wissenschaftstheoretisch zu entwerfen und zu definieren, da es in der Kirche keine Theologie kraft göttlichen Rechtes gibt. Es gibt sie nur kraft obrigkeitlichen Willens, der über das Wesen und die Aufgaben der Theologie verfügt.

Das geschieht im Rahmen einer interessanten Rechtskonstruktion. Der entscheidende Punkt ist der im Rechtssystem der Kirche verankerte Delegationsgedanke. Danach sind nur der Papst und die Bischöfe kraft göttlichen Rechtes Lehrer in der Kirche. Aber sie können zu Forschung und Lehre *delegieren.* Theologen und Theologie existieren aus Delegation. Es gibt in der Kirche keinen eigenständigen Rechtstitel einer theologischen Wissenschaft. Die Theologen lehren und forschen nur kraft kanonischer Sendung. Weder innerer Antrieb noch apostolischer Eifer noch irgendein Charisma noch der Titel der theologischen Wissenschaft machen den Theologen zum Theologen, sondern allein die amtliche Delegation. Deshalb kann die Theologie in strittigen Fragen sich auch nicht auf irgendwelche Titel der Wissenschaftlichkeit berufen, sondern bleibt den Delegierenden unterstellt. Man darf sich darum über das Überwachungs- und Leitungsrecht des Lehramtes nicht wundern.

Bemerkenswert an dieser Konstruktion ist die Integration von Verkündigung, Forschung und Lehre in den iuridischen Delegationsgedanken. Deshalb haben auch die Lehrbestimmungen des Papstes sowohl im Bereich des Glaubens und der inneren Überzeugungen wie auch auf dem Gebiet von Forschung und Lehre *verpflichtende Gesetzeskraft.* Man spricht direkt von Glaubenslegislative und Lehrjurisdiktion.

Das gilt nicht nur für die eigentliche und zentrale Glaubensverkündigung im Bereich der anerkannten Dogmen, sondern für alle Lehrvorlagen, Erlasse und Entscheidungen, die mit Glaube oder Sitte direkt oder indirekt zu tun haben.

Das sichere Wissen, daß Amt, Geist und Wahrheit institutionell zusammengehören, machen es möglich, daß jederzeit auch in schwebenden und schwierigen Fragen administrativ eine autoritative Entscheidung ergeht, die das Glauben, Denken und Arbeiten bindet. Solcherart wird die freie Forschung und Diskussion der betreffenden Fragen sofort beendet, sei es legislativ, sei es iudikativ, sei es administrativ.

7. Interessant ist in diesem Zusammenhang die Bedeutung von „öffentlich“ und „privat“. Alles, was gemäß diesem Modell geschieht, gehört zur öffentlich-amtlichen Verkündigung, die dem öffentlich-amtlichen Bewußtsein der Kirche zugeordnet ist. Alles, was außerhalb geschieht, heißt „privat“. Kein Privater aber darf sich in der Kirche als Lehrer geben.

Man könnte annehmen, daß von daher eine Unterscheidung von amtlich-öffentlicher Verkündigung der Kirche und privaten Ansichten bei den Theologen vorgenommen werden kann. Was nicht „amtlich" gelehrt wird (wofür stets das juridische Moment der Beauftragung und das doktrinale der inneren Übereinstimmung der Lehre gegeben sein muß), wäre dann eben Privatmeinung, und diese könnte, so denkt man, toleriert werden.
Doch dem ist nicht so. Die Lehre der Päpste hat nicht nur Gesetzeskraft für das amtliche Lehren, sondern verlangt innere, religiöse Zustimmung und bindet das Gewissen. Abweichende Privatmeinungen bedeuten Verweigerung des Gehorsams und sind intolerabel. Man darf nicht annehmen (heißt es bei Paul VI), daß in der Kirche jeder denken und glauben kann, was er will. Es gibt in dieser Hinsicht keine Meinungsfreiheit, wenn Rom einmal gesprochen hat.
Das gilt nicht nur für das öffentliche Bewußtsein der Kirche und für das private Denken und Glauben der einzelnen, sondern auch für die theologische Arbeit. Diese darf nicht nach den Regeln privater Forschung erfolgen. Zwar sind alle Ergebnisse der theologischen Forschung, solange sie nicht durch das Lehramt anerkannt und übernommen sind, dem theologischen Gewißheits- und Geltungsgrad nach nur „Privatmeinung". Die wissenschaftliche Fundiertheit, Argument und Konsens spielen dabei keine Rolle: formal ist die Anerkennung durch das Lehramt nötig, damit die erzielten Resultate dem Bereich des privaten und unsicheren Meinens entnommen werden. Ein Zwang für das Lehramt zur Anerkennung theologischer Positionen und Resultate besteht nicht. Es ist der Theologie gegenüber frei. Die Theologen sind nicht Lehrer des Lehramtes. Das Lehramt ist sozusagen wahrheitsunmittelbar, geistunmittelbar, gewissensunmittelbar.
8. Was nun den Auftrag der Theologie betrifft, so ist dieser

klar umrissen. Sie hat, neben der Ausbildung des Nachwuchses, dem Lehramt Hilfsdienste zu leisten. Vornehmste Aufgabe der Theologie ist es, zu zeigen, wie die amtlichen Lehren der Kirche in den Offenbarungsdokumenten enthalten sind. Nicht „ob", sondern „wie". Es kommt ihr also die Aufgabe zu, die bereits verkündeten und geltenden Lehren zu begründen. Die Frage, ob die päpstlichen Lehren tatsächlich durch die Quellen gedeckt sind, stellt sich nicht. Die Theologie kann sich nicht gegen das Lehramt auf die Quellen berufen. Sie darf nur zeigen, wie und auf welche Weise definierte Lehren in eben dem Sinn, in dem sie definiert sind, in den Glaubensquellen enthalten sind. In diesem Rahmen müssen die Theologen fügsame und scharfsinnige Interpreten des Lehramtes sein, und dafür wird ihnen wissenschaftliche Ernsthaftigkeit empfohlen.

9. Es wird häufig festgestellt, der Theologie komme durchaus „wahre" Wissenschaftlichkeit und „rechte" Freiheit der Forschung zu. Jedoch wird stets zugleich auf die Grenzen der Forschungs- und Urteilsfreiheit verwiesen und der Führungs- und Überwachungsanspruch des Lehramts geltend gemacht.

Theologische Lehrmeinungen einzelner sind, solange sie nicht amtlich übernommen wurden, Privatmeinung. Solange sie nicht in Konflikt mit der amtlichen Lehre geraten, sind sie tolerabel. Im Konfliktfall werden sie als subjektive und verderbliche Privatmeinung diagnostiziert, die zu unterlassen und auszumerzen ist. Eine Berufung auf wissenschaftliche Methoden, Vernunftargumente und derartiges zählt in diesem Falle nicht, da diese stets, solange sie nicht amtlich übernommen sind, private Methoden, private Argumente und subjektive Meinungen sind. Regungen in Richtung auf eine größere Selbständigkeit und Eigenständigkeit der Theologie werden ziemlich undifferenziert als eine Art Los-von-Rom-Bewegung oder Los-von-der-Kirche-Tendenz hingestellt, als verderblicher Wille zum Freisein *von* Kirche und Glaube. Daß es für die Theologie als Wissenschaft in der Kirche und für die Kirche eine andere Freiheit geben könnte, nämlich die Freiheit, nicht privaten und subjektiven Meinungen, sondern wissenschaftlichen Argumenten und Methoden, die sich zwingend auferlegen, folgen zu dürfen, ist in den Dokumenten, von denen ich hier berichte, allem Anschein nach nicht gesehen.

10. Da der Gegenstand der Theologie, das Wort Gottes, das Licht und die Kräfte der menschlichen Natur und also auch den Verstand der Theologen übersteigt, zugleich aber als höchste Wahrheit allein dem Lehramt zur treuen Bewahrung und unfehlbaren Erklärung übergeben ist, ist auch nur dieses fähig, zu entscheiden, was gilt und was nicht gilt.

So also denkt sich der Heilige Vater die Theologie: als ein Geschöpf der Hierarchie, auf diese im Gewissen verpflichtet, von ihr im Denken genormt, im Hörsaal überwacht, der Sprachregelung unterworfen, der drohenden Gefahr von Maßregelungen jeder Art ausgesetzt und geliebt und geachtet nur als eine dem Willen des Souveräns sich unterwerfende.

Der Weg ins Freie

Dieses Bild ist weder schön noch zeitgemäß, noch sachgerecht. Viele vermögen darin die gottgewollten Strukturen nicht zu erblicken, sondern ein spätes Erbstück des Absolutismus und ein soziologisches Mißgebilde. Andere machen geltend, so schlimm seien die Dinge, so ängstlich die Theologen und so groß die Gefahren in Wirklichkeit glücklicherweise nun doch nicht. Theorie und Praxis, römischer Anspruch und katholische Lebenswirklichkeit seien zwei verschiedene Dinge. Der Raum, die Bedingungen und Umstände, in denen die theologische Arbeit sich vollziehe, also die konkrete Kirche, habe die Merkmale der katholischen *complexio oppositorum* noch nicht eingebüßt. Die Theologie sei heute weiter denn je davon entfernt, ein zentral gesteuertes uniformes Unding zu sein.

Das ist zweifellos richtig. Aber ist es nicht fatal, daß das, was zu guter Letzt als katholische Lebenswirklichkeit zu rühmen ist, gegenüber der päpstlichen Theorie sozusagen im Licht des Regelwidrigen erscheint? Muß der Bindestrich im Römisch-Katholischen solcherart als Abstrich des Katholischen erscheinen? Oder anders gefragt: Läßt sich die hohe Verantwortung, die der Kirchenleitung in bezug auf die Einheit der Kirche und die Reinheit des Evangeliums und damit auch für die theologische Forschung und Lehre zukommt, theoretisch und rechtlich nicht anders fassen?

Es ist eine überaus quälende Vorstellung, in der Kirche könne jeder predigen und lehren, was ihm gerade in den Sinn und auf die Zunge kommt und was er für sein Evangelium hält. Solcher Freiheit kann man das Evangelium Jesu Christi nicht überliefert sehen wollen. Das wäre nicht nur der Anfang vom Ende, sondern das Ende selbst. Aber auch die Vorstellung einer perfekt manipulierten Theologie und einer wissenschaftlichen Forschung von Amtes Gnaden hat etwas Apokalyptisches an sich. Hier den Weg zu finden, der das Chaos der Gestalt- und Substanzlosigkeit ebenso meidet wie die geistlose Dürre eines wesenlos gewordenen autoritären Formalismus: diesen „katholischen" Weg, einen Weg der „Wiedervereinigung" von Glauben und Denken zu suchen und gangbar zu machen, ist für die Zukunft der Kirche wohl das dringendste Gebot. Denn weder das Denken allein noch das Glauben allein kann Zukunft haben.

Offene Theologie

Krisensymptom?

Wie ein Sturm ist es in die Kirche und in die Theologie hineingefahren. Auch was niet- und nagelfest zu sein schien, ist in Bewegung geraten. Der Eindruck der Krise herrscht vor. Deutlichstes Symptom dafür ist das, was man, etwas beschönigend, die *Wende zum Gespräch* zu nennen pflegt.
Darunter kann man Verschiedenes verstehen. Wenn es nur darum ginge, daß man miteinander redet oder daß ein anderer Stil der Zusammenarbeit (kollegialer oder demokratischer Art) oder andere Methoden der Vermittlung der christlichen Botschaft erprobt und angewandt werden, wäre die Sache zwar sehr wichtig und wünschenswert, aber im Grunde doch harmlos. Denn das setzt immer noch ein intaktes Selbstverständnis und ein planvolles Wollen voraus. Daß jedoch über alles geredet wird, daß alles in Frage steht und daß alle Schweigetabus gebrochen sind – diese Praxis des „Gesprächs“ scheint die Spielregeln zu verletzen. Sie wird vielfach nicht nur als Ausdruck, sondern als Ursache der tiefgehenden Krise empfunden. Man neigt dazu, der Krise dadurch Herr zu werden, daß man die Symptome, die für Ursachen gehalten werden, beseitigt, sei es durch restriktive Maßnahmen, sei es durch psychologische Relativierung, indem von einem zwar verständlichen, aber vorübergehenden Nachholbedarf an offener Rede oder von pubertärer Unbotmäßigkeit gesprochen wird.
Das mag in mancher Hinsicht richtig sein. Es wird aber der Sache letztlich nicht gerecht. Es geht schließlich um ein

grundlegendes Strukturproblem von Theologie und Kirche. Man wird hier vor allem zu prüfen haben, ob die im Gespräch sich zeigende Unsicherheit dem Wesen des Menschen und seinem Verhältnis zur Wahrheit nicht doch angemessener ist und ob das theologische Palaver der Gegenwart nicht ein notwendiges Durchgangsstadium darstellt, in welchem falsche Sicherheiten und trügerisches Bescheidwissen abgebaut und die Wege zu einem neuen Selbstverständnis und zu neuen Formen christlichen Daseins geebnet werden.
In der Literatur der Gegenwart finden sich zu diesem Thema zahlreiche Beiträge. Man verweist darauf, daß der Wahrheitsbegriff der Kirche revisionsbedürftig (weil statisch, autoritär und absolutistisch) ist und daß Theologie und Glaube zu einer neuen Offenheit finden müssen. In diesem Zusammenhang ist vor allem das Problem der Sprache in den Vordergrund getreten. Darin, daß der Mensch Sprache hat, zeigt sich etwas sehr Wesentliches für sein Verhältnis zur Wahrheit, für das Finden der Wahrheit und ihre Vermittlung, aber auch für das menschliche Personsein und seine dialogische Struktur.

Instrument der Wahrheitsfindung

Die Sprache ist aber nicht nur das grundlegende Denk- und Kommunikationsmittel. Dadurch, daß in der Sprache sich die Begegnung von Selbstbewußtsein und Fremdbewußtsein ereignet, ist das *Gespräch* das wichtigste Instrument gemeinsamer Wahrheitsfindung, was angesichts des modernen Pluralismus und der Ausdifferenzierung von Teilverhältnissen, Teilverrichtungen und Funktionssystemen, angesichts der Ausbildung verschiedenster Erkenntnis- und Erfahrungsquellen und ihrer wachsenden Unüberschaubarkeit immer größere Bedeutung gewinnt.
Aus dieser Sicht scheint das Gespräch für Theologie und Kir-

che nur einem allgemeinen Gesetz oder Gebot zu entsprechen, und die Wende zum Gespräch scheint deutlich zu machen, daß der christliche Bereich, der bislang unter der einengenden Macht scheinbarer Kenntnisse und souveränen Besserwissens stand, dies fortan so nicht mehr tun kann.
Man könnte dagegen einwenden, daß für das christliche Dasein besondere Bedingungen gelten. Das ist richtig. Es fragt sich jedoch, ob damit eine Begrenzung und Entschärfung der Dialogsituation gegeben ist oder nicht vielmehr eine Intensivierung.
Gewichtige Argumente sprechen dafür. Hier sei nur ein Gesichtspunkt herausgegriffen, der allerdings von grundlegender Bedeutung ist. Er betrifft die Offenheit der Theologie.

Offenheit der Theologie

Diese Offenheit ist in verschiedenen Modellen oder Typen denkbar. An sich wäre es schon viel, wenn die Theologie in der Weise offen wäre, wie etwa der gebildete und interessierte Mensch allem Fremden gegenüber offen ist. Ein reger Austausch und gegenseitige Befruchtung wären die nicht zu verachtende Folge. Die Form, die hier der Dialog hätte, wäre den diplomatischen Beziehungen von Staaten oder den gesellschaftlichen Kontakten von Personen und Gruppen vergleichbar. Es würde sich um Konversation im guten Sinne handeln. Eine etablierte, in sich mehr oder weniger geschlossene, ihrer Sache sichere Theologie würde in diesem Fall das Gespräch führen, bestenfalls als Partner, schlechterenfalls mit dem Anspruch, als *magistra* und *domina* auftreten zu wollen, schlechtestenfalls als Aschenbrödel, das mitreden will.
Ein derartiges Dialogmodell wird dem Wesen der Theologie und der Dialogsituation des Christen in der Welt nicht gerecht. Es ist nicht so, daß eine in sich stehende Theologie

nachträglich aus irgendwelchen Gründen das Gespräch sucht oder suchen soll, sondern Theologie kommt überhaupt erst dadurch und darin zustande, daß der Glaube das Gespräch sucht und wagt und vollzieht.

Diese Behauptung muß begründet werden. Was ist eigentlich Theologie? Es gibt eine große Anzahl von Definitionen, die indessen häufig mehr Unklarheit als Klarheit stiften. Es ist besser zu fragen, wie Theologie zustande kommt. Hier ist eine Wendung sehr hilfreich, die auf Bonaventura zurückgeht. Demnach entsteht Theologie „durch eine Hinzufügung" *(per additionem):* dem Glauben wird die (wissenschaftliche) Vernunft hinzugefügt, also das verfahrenstechnisch geordnete und regelrechte Denken aus dem Glauben und über den Glauben.

Bereits hier zeigt sich etwas sehr Wichtiges. Die Theologie ist den Gesetzen des Denkens verpflichtet. Diese sind für sie konstitutiv. Sie hat keine eigene Logik. Das bedeutet, daß ihre Arbeit in einem grundlegenden Sinn diskussionsfähig ist oder sein muß. Ihre Resultate sind wissenschaftlich mitteilbar, und fremde Resultate sind für sie vernehmbar. Gerade durch die gemeinsame Basis des Denkens und der Logik und also im universalen Logos ist das Gespräch ermöglicht.

Dagegen scheint zu sprechen, daß die Theologie *Glaubens*wissenschaft ist und, wie es gewöhnlich heißt, unter glaubensmäßigen Voraussetzungen arbeitet, was ihre Offenheit und Dialogfähigkeit zu gefährden scheint. Aber das Gegenteil ist der Fall. Zwar ist Theologie ohne Glaube nicht möglich. Aber der Glaube ist weder Hemmschuh noch Scheuklappe. Er ist das, was mit dem Denken zusammen Theologie ergibt. Er ist also zugleich Voraussetzung, Ziel und Gegenstand des Denkens. Da der Glaube nur da ist, wo er ist, kann er nur dort Gegenstand sein, wo er zugleich lebendiger Vollzug ist. Von daher wird häufig gesagt, die Theologie setze den Glauben *(fides quae)* als den eigentlichen Objektbereich und das Glauben *(fides qua)* als Geltungsbewußtsein voraus. Das ist nicht richtig, denn der Glaube als Akt und Vollzug und Existenzform ist nicht nur der formale (Gehorsams-)Akt, durch den ich Inhalte, die anders nicht zu ergreifen wären, stumm oder blind erfasse und für wahr halte, sondern er ist sozusagen das Hauptproblem der Theologie, über das vernünftig Rechenschaft gegeben werden muß. Der Glaube verfälscht und gefährdet nicht das Denken, sondern fordert es heraus, daß es sich mit seinen eigenen Mitteln dem Problem stelle. Wird die Herausforderung angenommen, entsteht Theologie.

Diese Herausforderung wird bleiben, solange es den Glauben und Glaubende gibt. Man kann sie nicht ein für allemal bereinigen. Das Evangelium bringt ständig neue Formen christlichen Existierens hervor, die unter den veränderten Bedingungen der Nachfolge und der Reflexion hierüber zustande kommen. Da der Glaubende in offenen Horizonten lebt, ist die Theologie ständig darauf angewiesen, ihren Gegenstand neu zu gewinnen.

Fundorte für Glaubensinhalte

Diese Aufgabe ist um so schwieriger, als die Haltung des Gläubigseins ohne konkrete Inhalte nicht möglich ist. Diese Inhalte werden zwar am Leitfaden des biblischen Zeugnisses gewonnen, aber sie sind dort nicht einfach nachschlagbar vorhanden. Sie werden in geschichtlichen Bezugszusammenhängen, in einem „Wald von Zeugnissen“, lebendigen und toten, vermittelt. Die „Fundorte“, wo der Glaube zu seinem Inhalt findet, sind sehr heterogener Art: es geht nicht nur darum zu erheben, was die Schrift sagt, sondern wie die Schrift auf den Konzilien, in den Lehrentscheidungen der Päpste, im Glaubenszeugnis der Vergangenheit und Gegenwart, im theologischen Denken, im Glauben der Gesamtkirche, in den vielen Verwirklichungsformen christlichen Daseins verstanden wurde, und es gilt, daraus Material zu nehmen für die Erfassung des Wesens der Sache, für die Verwirklichungen der Gegenwart und für die Planung der Zukunft. Es liegt auf der Hand, daß hierfür verschiedene Methoden ins Spiel gebracht werden müssen, von denen an sich zwar keine spezifisch theologisch ist, die aber alle von der Theologie in ihre Dienste genommen werden.

Das bedeutet nicht nur, daß das Handwerk der Theologie in anderen Wissenschaften (z.B. in der Philosophie oder Geschichtswissenschaft) erlernt werden muß. Sie muß auch mit den Methoden anderer Wissenschaften ihr Feld bestellen. Theologische Sonder- oder Geheimmethoden gibt es nicht, und Versuche, solche zu entwickeln und anzuwenden, führen in die Isolation oder in die wissenschaftliche Glossolalie, was auf dasselbe hinausläuft. Man hat deshalb mit Recht gesagt, in verfahrenstechnischer Hinsicht sei die Theologie eine „entlehnende Wissenschaft“ *(G. Söhngen).*

Daß von hier aus eine enge Interdependenz zwischen der Theologie und den übrigen Wissenschaften besteht, ist klar. Jede theologische Fakultät ist gleichsam eine Universität im kleinen, mit Philologen, Historikern, Juristen, Philosophen, Systematikern usw., mit den entsprechenden Spannungen und „Dialogsituationen“. Im Kopf eines jeden Glaubenden, der seinem Glauben das Denken „hinzufügt“, sieht es nicht anders aus.

Leider begünstigt der Mikrokosmos der theologischen Einzeldisziplinen häufig die Vorstellung einer Abschließbarkeit der Theologie. Daß diese Vorstellung falsch ist, zeigt, neben dem bisher Gesagten, folgende Überlegung. Man darf nicht denken, die Theologie als entlehnende Wissenschaft ziehe nur wertindifferente und neutrale Methoden heran. Die Verschiedenheit der Methoden bringt auch inhaltlich Konsequenzen mit sich, die zur Auseinandersetzung zwingen.

Selbst die unschuldigste aller Methoden, die philologische, kann, wo sie historisch-kritisch gehandhabt wird und zur biblischen Sachkritik führt, die Dogmatik nachhaltig beeinflussen. Zwar sind die Exegeten als Philologen Theologen, aber im Grunde ist das, was sie zu sagen haben, der Beitrag der Philologie, den die Theologie hören und aufnehmen muß. Ebenso besteht das, was Philosophie und Geschichte leisten kann, keineswegs nur darin, daß philosophische und historische Methoden bereitgestellt werden. Es geht hier um die Erfassung und Würdigung der ganzen Dokumente menschlichen Selbstverständnisses, die sich im Bereich der Philosophie und der Geschichte finden. Ebenso relevant ist, was Psychologie, Soziologie usw. beizutragen haben.

Feld der Verwirklichung

Die theologische Arbeit ist nicht nur für die Erfassung der Wahrheit des Glaubens auf den Dialog angewiesen, sondern auch für die Verwirklichung der gewonnenen Einsichten in der Praxis und für das Finden der Entscheidung. Weil die Theologie auf die Verwirklichung des Wortes Gottes zielt, ist es nötig, daß sie das „Feld der Verwirklichung" *(R. Hofmann)* und seine Gesetze, Bedingungen und Umstände kennt. Feld der Verwirklichung ist nicht das Abstractum Mensch, sondern der je konkrete Mensch, den die empirischen Wissenschaften besser kennen. Das erforderliche Sachwissen kann die Theologie weder aus den Offenbarungsdokumenten noch aus dem Wissensstand früherer Zeiten entnehmen. Gerade im Blick auf die Praxis kann die Theologie nicht offen genug sein für den Beitrag, der von außen kommt. In Wahrheit ist es freilich kein Beitrag von außen. Denn die Theologie kommt erst zu sich, indem sie den Glauben mit dem, worin er leben und wirken soll, konfrontiert. Theologie ist Dialog im Vollzug.

UM GEBIRGE UND BERGSTEIGEN

Eine hintergründige Geschichte

Vor langer Zeit, bevor noch der Friede der Gletscher und Firne auf den hohen Bergen gestört und bevor die Unruhe des Lebens in die abgelegenen Täler gedrungen war, glaubten die Menschen, daß ein märchenschönes Tal verborgen läge zwischen den Gletschern des Monte Rosa, ein Tal, wo die Blumen im Winter sprießen und wo das Vieh nie durch Schneefall von den Weiden vertrieben wird. Und an einem schönen Sonntagmorgen brach eine Gesellschaft kühner Männer mit hochgespannten Erwartungen auf, um das „glückliche Tal" zu suchen. Sie stiegen viele Stunden, bis sie endlich die Kammhöhe des Gebirges erreichten. Der Felskopf, auf dem sie rasteten, trägt immer noch die Bezeichnung, die sie ihm gaben: „Fels der Entdeckung". Aber der Name war nicht gut gewählt, denn die Männer von Gressoney fanden nicht, was sie suchten. Sie schauten nicht hinab in ihr Land der Verheißung, sondern hinab in das Tal, das heute als das Zermatter Tal bekannt ist; und dieses Tal ist nicht glücklicher und nicht weniger glücklich als das, aus dem sie kamen. Das „glückliche Tal" blieb ein Traum für sie.
Das war an einem schönen Sonntagmorgen des Jahres 1788 und hat sich in einem damals ganz verlassenen Erdenwinkel unserer Alpen, an der Grenze zwischen Italien und der Schweiz, im Angesicht des Matterhorns, abgespielt, und wenn diese Geschichte nicht wahr wäre, dann wäre sie sehr

gut erfunden. Man ist fast geneigt, in diesem kühnen Zug der Männer von Gressoney einen sehr hintergründigen Aufbruch zu sehen, der sie an die Grenze ihrer Existenz führte. Gleichwohl stellt das Suchen dieses „glücklichen Tales“ eine merkwürdige Verirrung dar. Nie hat man sonst gehört, daß jemand zu Berge stieg, um zwischen den Firnen und Gletschern ein Tal zu suchen, in dem die Blumen auch winters blühen und in dem das Glück wohnen sollte. Es waren immer die Gipfel der Berge, auf denen das Licht und die Götter zu Hause waren und von wo die Verheißungen winkten.

„Droben“, auf den Gipfeln der Berge, war für den antiken Menschen die Welt der Sterne, des Äthers, des Feuers, des Göttlichen. In diese Welt ragte der Götterberg Olymp hinauf, dort erfuhr man das Übermächtig-Jenseitige in Schauer und Entzücken. Antiochus I. wählte für sein Grab den Menrud-Dagh, denn dieser war, wie es auf einer alten Urkunde heißt, „den Sitzen der himmlischen Götter nahe“, und die Sumerer nannten ihre Gottheit „Großer Berg“. Auch in der Bibel sind die Berge ein Ort, an dem die Nähe Gottes in besonderer Weise erfahren wird, und das Paradies liegt nach einer jüdischen Legende auf einem hohen Berg.

Um so verwunderlicher muß uns die Geschichte der Männer von Gressoney erscheinen, dieser rührenden Kinderherzen, die für einen Augenblick einen Traum mit der Wirklichkeit verwechselt hatten und die, mit Stangen und Seilen bewaffnet, auszogen, um das Glück zu finden – ein sehr nützliches und praktisches Glück vielleicht: blühende Wiesen und schneefreie Almen für ihr Vieh, aber so wunderlich vermischt mit Unwirklichem, daß sie es zwischen den wilden und leuchtenden Firnen am Rande des Firmaments suchen zu müssen glaubten.

Inzwischen hat sich viel getan in den Bergen. Sie sind bis in den letzten Talwinkel erforscht, alle Wände sind durchstiegen, alle Gipfel durch Menschenfuß betreten, alle Geheim-

nisse erforscht, und die große Angst wohnt nur noch bei schweren Gewittern in den Almhütten.
Noch im Jahre 1665 sah man Charles-Auguste de Sales, den Neffen des heiligen Franz von Sales, wie er die Gletscher von Chamonix segnete, die damals bedrohlich vorrückten und die umliegenden Dörfer zu verschlingen drohten. Ohne diese Segnung wären sie bis nach Genf gekommen, sagte man. In den wilden und unbekannten Bergen wohnte eine dämonische, übermenschliche Kraft, der nur mit den Segnungen und Kräften des Glaubens begegnet werden konnte. Daher die Kreuze auf den Gipfeln, die Madonnen, die Kapellen an den Wegkreuzungen – und dicht daneben heute die Vermessungszeichen der Geologen. Es scheint, daß die trigonometrischen Punkte wirksamer waren als die Gipfelkreuze und das Weihwasser der Priester, denn sie haben die Dämonen und Drachen endgültig verscheucht. Vielleicht, daß sie in manchen Gegenden der Anden und des Himalaya noch ein scheues und vermutlich kurzes Dasein fristen, bis die Entzauberung unserer Erde sie vollends hinauf an die Sterne verbannen wird. Trotzdem ist etwas sehr Merkwürdiges geschehen: das Glück und die Sehnsucht ist aus den Tälern wieder auf die Gipfel zurückgewandert, entmaterialisiert gewissermaßen, entzaubert auch, aber nicht weniger anziehend und verheißungsvoll. Niemand, der dort hinaufsteigt, kommt mehr in den Verdacht, er suche Gold oder Edelsteine. Er begegnet keinen Drachen mehr dort oben und keinem der himmlischen und höllischen Geister, die ihn um Verstand und Gesundheit bringen, wie es etwa von der zweiten Besteigung des Mont Aiguille aus dem Jahre 1850 berichtet wird:
Das war so geschehen: ein Bauer, Liotard mit Namen, hatte das Wagnis dieser Besteigung unternommen. Er kam in bedauernswertem Zustand zurück: er sah alles im Feuer, erinnerte sich an nichts, außer, daß er seine Seele Gott befohlen hatte. So kam er im Tal an, ohne Hut, ohne Rock, ohne

Schuhe und beinahe ohne Hosen, und sein Geist war so verwirrt, daß er Wochen brauchte, um sich wiederherzustellen. Ähnlich war es den Pilgern und Romfahrern seit dem hohen Mittelalter ergangen, die als Touristen wider Willen das Gebirge durchzogen und Augen und Ohren vor den Schrecken und Gefahren dieser wilden Landschaft verschlossen. Erst um die Mitte des 18. Jahrhunderts änderte sich das. Man begann, die Alpen und ihre „erhabenen Schrecken" zu besuchen. Ein Goethe, Chateaubriand, Hugo vergaßen den Schrecken vor Bewunderung und Begeisterung. Die „schrecklichen Berge" wurden zu Symbolen des Schönen, das Gebirge wurde zum Gegenstand eines ästhetischen Kultes. In der Kontemplation der Alpen zu verweilen war das Zeichen eines sicheren Geschmackes und eines sensiblen Herzens.

Man könnte diese Entwicklung weiterverfolgen bis auf den heutigen Tag, wo die Alpen zum Spielplatz Europas geworden sind, wo sie die Staffage für Heimatfilme und die Kulisse für die Massenbewegung des Sommeraufenthaltes und des Wintersports abgeben müssen. Aber daran wäre nichts, was die Eigenart der Berge besonders bezeichnet. Und wenn sich heute mit ihnen Worte wie Freiheit, Gesundheit, Mut und Wille verbindet, so sind das alles schöne Dinge, die es aber anderswo auch gibt. Wenn die alpine Literatur um ein weniges besser wäre, dann sähen die Berichte von Bergfahrten und Abenteuern anders aus und würden sich von Pfadfindergeschichten treffender unterscheiden, als da sind: Zelte aufschlagen, Feuer machen, Konservendosen öffnen, Stufen schlagen, Haken schlagen, Rucksäcke tragen . . . Und immer wieder: hinaufsteigen, ankommen, schauen, zurücksteigen, schauen und wieder abreisen. So sind die Berge nichts weiter als ein Mittel, um sich zu erholen oder sich sportlich zu betätigen oder sich die Langeweile zu vertreiben.

Das wirklich Erhabene, das schon die Alten entdeckten, ist der Symbolwert des Berges als Licht und Kraft und Nähe des

Himmels. Eindrucksvolle Berge bezeichneten sie geradezu als das Antlitz Gottes. Aber sie schauten die Berge nur aus der Ferne an und sahen in ihnen nur eine elementare, einfache Größe. Die Väter des Alpinismus blickten genauer hin und entdeckten überraschende Einzelheiten. Da waren die Bergdörfer, aufgebaut am Rande des Unmöglichen, des Absurden fast, die sich trotzdem halten, man weiß nicht, wie.

Ein Dorf in der Ebene, an einem Fluß, einem See, inmitten von Weinbergen: das ist vernünftig und normal. Aber Bergdörfer – gibt es ein stärkeres Symbol des menschlichen Schicksals, am Rande des Abgrundes und an der Grenze des Unmöglichen?

Oder die Almwiesen hoch droben über den Schlüchten und Abgründen. Man steigt hinauf auf einem Teppich von Enzian und Aurikeln und blickt zurück und sieht keinen Weg. Es ist, wie wenn die Wiese im Himmel hinge, mit dem Tal verbunden durch einen Faden nur, das Symbol eines Weges.

Und so ist es mit fast allen Dingen da oben. Sie scheinen zu leben und zu denken und sind wie herausgelöste Stücke einer verdichteten menschlichen Existenz: das Wasser, das in ungezählten Rinnsalen dahinmurmelt oder in schäumenden Kaskaden zu Tal stürzt oder in dunklen Felsenkammern tost; die graue Felswand, die in der Abendsonne leuchtet wie eine blühende Mauer und die sich bei Regen und Gewitter in eine Hölle verwandelt, unheilverkündend, vom Steinschlag krachend, und nachher: gereinigt, mit einem unwirklichen Glanz von kristallenem Wasser überzogen. Und ebenso der Gletscher, die Moräne, der Wind und die Wolken – ein irrationales Universum, das sich der Mensch entdeckte.

Es ist eine Welt zum Schauen und Meditieren, die unseren Vätern sich erschloß. Achille Ratti, nachmals Pius XI, der zu den großen Bergsteigern seiner Generation gehörte, beschreibt das Erlebnis der Schönheit, das er auf dem Gipfel des Monte Rosa nach Durchsteigung der Ostwand hatte:

Alles ist hier oben großartig, die Bergmassen ringsum, die Einschnitte zwischen ihnen, die großen Linien der Landschaft wie ihre Einzelheiten. Aber gerade, weil das alles so ist, treten die Einzelheiten nicht etwa zurück, sondern fügen sich in die Harmonie des Gesamtbildes, wie bei den großen Werken menschlicher Kunst; der Bergsteiger, der die Peterskirche und die Kolonnaden des Bernini gesehen hat, die so gewaltig und in ihrem Zusammenklang so gefällig sind, weiß, daß des Menschen Kunst eng verwandt ist mit der des hohen Meisters alles Schönen.
Doch es ist nicht nur das Erlebnis des Schönen, das dem Schauenden zuteil wird. Die Berge haben viele Gesichter und bergen darin eine Vielzahl von Geheimnissen, die sie jedem zu seiner Stunde offenbaren. Arnold Lunn berichtet von einer Gipfelstunde auf dem Grand Combin:
In solchen Aussichten liegt etwas vollkommen Zeitloses. Sie helfen mir, manches zu verstehen, was ich sonst nie begreifen könnte: die Möglichkeit eines immerwährenden Glückes in einem zeitlosen und unveränderlichen Dasein. So verschiedenartig diese Erlebnisse sein mögen: immer sind sie recht teuer erkauft. Die Situation, in der Achille Ratti nach einem hart durchkämpften Tag auf dem Monte Rosa sich sah, von Hunger und Durst und Müdigkeit geplagt, schildert er so:
Bequem war unser Biwakplatz wirklich nicht. Dagegen war er trotz seiner Enge für jeden, der sich auf sich selbst verlassen konnte, durchaus sicher. Unmöglich freilich, einen Schritt in irgendeiner Richtung zu tun. Wer sich setzte, dem hingen die Beine über dem Abgrund. Die Kälte war schneidend; ohne den Grad genau angeben zu können, erinnere ich mich, daß unser Kaffee fest gefroren war. Wein und Eier glichen sich bereits darin, daß man sie weder essen noch trinken konnte. Unter solchen Bedingungen des Orts und der Temperatur wäre es ungmöglich gewesen, sich vom Schlaf übermannen zu lassen. Wer hätte aber auch schlafen können inmitten dieses

gewaltigsten aller großen Rundbilder der Alpen, in dieser ganz reinen und durchsichtigen Atmosphäre, unter einem Himmel von tiefdunklem Saphir, erhellt durch eine schmale Mondsichel, und, soweit das Auge reichte, ringsum funkelnde Sterne . . . in diesem Schweigen . . . genug! Ich will nicht versuchen, das Unbeschreibliche zu beschreiben. Aber ich habe die Wahrheit des Wortes erfahren: Gott segnete die Gipfel der Berge.

Ganz anders verhält sich der moderne Mensch vor dem Gebirge. Er will die Berge nicht nur anschauen, sondern sie erleben. Er ist in einem gewaltigen Ansturm in diese irrationale Welt eingedrungen, und sein Geist hat eine der großen Entdeckungen gemacht: die Berge als Gegenstand des Denkens und Erlebens. Er hat das Bergsteigen entdeckt und sich damit eine zweite Welt geschaffen, eine Welt nach seinem Geschmack. Sie ist eine geistige Verlängerung unserer Geheimnisse, unserer Ängste und unserer Sehnsüchte – eine Welt, geschaffen aus ein bißchen Träumerei, ein bißchen Liebe, ein bißchen Angst, ein wenig Kampf mit dem Schicksal und ein wenig Theologie. Im Bergsteigen hat der nimmermüde Geist sich eine geniale Variante geschaffen im Kampf um sich selbst, im Suchen einer Wahrheit, im Entschlüsseln seiner Geheimnisse.

Dieses Tun entspringt einem typisch abendländischen Lebensgefühl. Die stillen und manchmal fast scheuen Gestalten, die durch die schwierigen und gefährlichen Wände der Alpen steigen, wollen sich dieses Gefühl um keinen Preis nehmen lassen: in Angst um ihr Leben zu leben.

Wenn sie sich anseilen, ehe sie in die Wand einsteigen, wissen sie, daß sie dabei sterben können. Sie haben Angst. Aber sie glauben nicht daran, daß sie heute sterben werden. Die Vorsorge, die sie mit Seil und Haken und Steigeisen treffen, scheint sie gegen die Gefahr zu sichern. Trotzdem wissen sie sich ihr ausgeliefert. Aber sie glauben nicht an ihren Tod. So vermischt sich auf ihren Wegen die Gefahr mit der Sicherheit, das Licht von oben und die Dunkelheit von unten, das Leben und der Tod. Dieses zwiespältige Gefühl kennt jeder Bergsteiger vor schwierigen Touren, aber es tut seiner Freude keinen Eintrag. Im Gegenteil: sie wäre ihm schal ohne diese wogenden Nebel, durch die er sich durchringen muß. Das kommt in den folgenden Worten eines erfolgreichen Himalaya-Bergsteigers besonders deutlich zum Ausdruck:

Wir betreten jetzt die sogenannte Todeszone, die Region um 8000 Meter. Die Welt um mich ist von einer nie erlebten wohlwollenden Güte. Schnee, Himmel, Wind und ich sind ein unteilbares göttliches Ganzes. Es ist ein mystisches Erlebnis, eine Nähe zum Göttlichen, wie ich es niemals vorher erlebte. Ein unbeschreibliches, unpersönliches Glück erfüllt mich. Daran ändert es nichts, daß ich, wenn ich klar denke, überzeugt bin, daß wir heute noch sterben werden. Ein dummer, unrichtiger Gedanke, aber so denke ich eben. Wir werden – so überlege ich – das Lager nicht mehr erreichen, auch nicht das Zelt, das Ajiba und Helmut uns nachbringen sollen. Wir werden biwakieren müssen und erfrieren. Aber auch dieser Gedanke ist in die Glückhaftigkeit dieser Stimmung eingeschlossen; er läßt uns nicht eilen. Jede Sekunde bin ich mir bewußt, daß ich etwas einmalig Schönes erlebe. Ich habe eine metaphysische Grenze durchbrochen und eine neue Welt erreicht.

Das hat mit Romantik nichts zu tun. Die Zeit des romantischen Bergerlebens ist vorbei. Dafür ist es viel zu hart geworden, eine nüchterne und fast sachliche Angelegenheit. Nicht daß der extreme Bergsteiger seine Sinne vor der Schönheit dieser Landschaft verschlösse, aber seine Haltung ist durch ein Moment der Leistung und des Angespanntseins bestimmt und durch die Welt der Technik geprägt. Er will nicht träumen, sondern handeln. Die Berge sind für ihn entzaubert, längst vermessen, beschrieben, in Karten eingezeichnet.

Trotzdem ist ihr Geheimnis nicht unterdrückt. Es ist geradezu paradox, wie trotz allem diese profanierte Welt ihn zu den Sternen hinaufreißt, wie sich ihm dort, wo die anderen die bewohnbare Welt zu Ende glauben, die Tore zu einem Wunderreich öffnen, einem Reich, in dem alles transparent wird und wo er die Wahrheit seiner Existenz viel intensiver erfährt als anderswo. Das ist der Grund dafür, daß trotz aller Technik und Entzauberung das Glück und die Freude und jene geringe Spur von Erfüllung, die uns beschieden ist, von den Tälern wieder auf die Gipfel zurückgewandert sind. Hier ist ein Reich mit weiten und hohen Zielen zu erobern, ein Reich aus Steinen und Firnen zwar bloß, aber aus so wundersam gefügten Steinen und Firnen, daß sie zum Abbild unseres Innern geworden sind. Hier sucht der Bergsteiger, auf seinem mühevollen Weg zum Gipfel zu erfahren, wie er lebt und wovon er lebt.

Bei manchen Völkern Asiens lagen im Altertum die eigentlichen Heiligtümer und Tempel auf den Bergen. Dort hinauf führte für die großen Feste eine Prozessionsstraße. Der Tempel in der Stadt war gewissermaßen nur eine „Filiale" für die Bedürfnisse des Alltags.

Eine ähnliche Rolle spielen heute vielfach die Berge für den der Kirche entfremdeten Bergsteiger. Er kümmert sich nicht um die „Filialen" in der Stadt. Trotzdem wäre es falsch, wenn man das religiöse Element im Bergsteigen auf diesen Nenner bringen wollte. Nirgends ist es so unecht und verkrampft, als wo es zur Religion wird, und man atmet erleichtert auf, wenn man sieht, wie diese sentimentalen Frömmeleien durch eine viel authentischere Sachlichkeit verdrängt werden. Arnold Lunn hat hier die richtigen Worte gefunden:

Viele Bergsteiger, die jegliche Verbindung mit dem, was man allgemein Religion heißt, verloren haben, fanden in den Bergen die Befriedigung gewisser Sehnsüchte, die anderen aus dem Gefüge ihres religiösen Lebens zuteil ward. Sie sahen den

Widerschein ewiger Schönheit in der zeitlichen Schönheit der Bergwelt. Sie drangen ein in das Geheimnis der Askese, und sie fanden das Glück, das Ergebnis ist von Schmerz und Gefahr. Mit diesen Feststellungen haben wir aber auch alles gesagt, was nützlicherweise über die Beziehungen zwischen Bergsteigen und Religion gesagt werden kann. Gemeinsame Beziehungspunkte genügen noch keineswegs, um von einer Identität zu sprechen. Auch das Boxen verlangt Askese. Aber bislang hat noch niemand von einer Religion des Boxringes gesprochen.
So gesehen, ist das Bergsteigen ein nüchterner, aber edler Sport, wie ein Engländer das Wort „Sport" versteht. Der Alpinist hat es nicht nötig, sich eigens eine religiöse Feder an den Hut zu stecken; sein Tun führt unversehens und am besten dann, wenn es unbewußt geschieht, zurück zu den Ursprüngen, aus denen es hervorging. Edmund Hillary, der am 29. Mai 1953 auf dem Gipfel des Mount Everest stand, des höchsten Berges unserer Erde, berichtet über die Augenblicke auf dem Gipfel über seine und seines Gefährten Tenzing merkwürdige Tätigkeit:
Tenzing hatte ein kleines Loch in den Schnee geschlagen, in das er verschiedene kleine Dinge legte – eine Tafel Schokolade, ein Päckchen Keks und eine Handvoll Zucker. Kleine Opfergaben – wahrhaftig. Aber doch ein Zeichen der Dankbarkeit für die Götter, die nach dem Glauben der frommen Buddhisten auf diesem hohen Gipfel wohnen. Als ich zwei Tage zuvor mit Hunt zusammen auf dem Südsattel gewesen war, hatte er mir ein kleines Kreuz gegeben und mich gebeten, es zum Gipfel mitzunehmen. Auch ich grub ein Loch in den Schnee und legte das Kreuz neben Tenzins Gaben.
Man weiß nicht, ob das nur eine höfliche Geste war, ein Zugeständnis an den frommen Aberglauben des Einheimischen, oder ob nicht doch in dieser extremen Situation entscheidende Dinge zum Durchbruch kamen. Denn diese kurzen

Minuten da oben führten an den Rand einer anderen Welt. Als im folgenden Jahre, am 19. Oktober 1954, der Österreicher Herbert Tichy auf dem Gipfel des Cho Oyu, auch ein Achttausender, stand, war er mit Ähnlichem beschäftigt: Mit dem Pickel will ich eine kleine Grube in den harten Schnee graben. Meine Hände sind ungeschickt, ich muß dazu niederknien. Ein paar Sekunden bleibe ich in dieser Stellung – die einzig richtige, die mir jetzt zukommt, denke ich.
Gewiß, überall, wo in den letzten zweihundert Jahren der Mensch die Sitze der Götter erobert hat und im Angesicht des Höchsten in das brennende und gleißende Licht hinaufgestiegen ist – immer sind die Götter vor ihm zurückgewichen. Sie sind nicht tot, aber sie sind unauffindbar wie das „glückliche Tal" für die Männer von Gressoney. Ersehnt, geahnt und nie erreicht, wird er sie immer suchen müssen.

Ein Teil der Texte dieses Bändchens sind im Druck erschienen. Vgl. zu:

Sind Religionen Heilswege?	– Stimmen der Zeit 1970
Jesus – der Weg	– Wort und Antwort 1969
Für uns gelebt und gestorben?	– Wort und Antwort 1971
Auferstehung des Menschen	– Das Glaubensbekenntnis. Aspekte für ein neues Verständnis. Hrsg. v. Gerhard Rein, Kreuz-Verlag Stuttgart – Berlin 1967
Erlösung zur Geschichte	– Kontexte 1. Hrsg. v. H. J. Schultz, Kreuz-Verlag, Stuttgart-Berlin 1965
Kommt der christliche Glaube ohne Gott aus?	Wer ist das eigentlich – Gott? Hrsg. v. H. J. Schultz, Kösel-Verlag, München 1969
Welche Hoffnung gibt die heutige Kirche dem Menschen?	– Wort und Antwort 1970
Katholisch als Konfession?	– Kontexte 2. Hrsg. v. H. J. Schultz, Kreuz-Verlag, Stuttgart-Berlin 1966
Offene Theologie	– Lebendige Seelsorge 1969